Jörg Krampe / Rolf Mittelmann

Lesestart 3

Spielend vom Satz zum Textverständnis

40 Kopiervorlagen zur Anbahnung der Lesefähigkeit
mit Selbstkontrolle

BRIGG Pädagogik

Gedruckt auf umweltbewusst gefertigtem, chlorfrei gebleichtem
und alterungsbeständigem Papier.

1. Auflage 2008
Nach den seit 2006 amtlich gültigen Regelungen der Rechtschreibung

ISBN 978-3-87101-258-7

www.brigg-paedagogik.de

Inhaltsverzeichnis

2	Eulenspiegel gab 12 Blinden 12 Gulden – Lösungen	(115 Wörter)

Einmal traf Eu- ihnen. Es war	lenspiegel 12 sehr kalt und sie	Blinde. Er war sehr froren sehr.	freundlich zu Eulenspiegel
versprach ihnen kaufen. Doch gab er	12 Gulden. Sie niemandem das	sollten sich dafür Geld. Aber jeder	etwas zu essen der 12 Blinden
glaubte, ein anderer zählten sie dem	von ihnen habe Wirt, dass sie 12	das Geld erhalten. Gulden fürs	In der Stadt er- Essen hätten.
Der Wirt kaufte für rechnen. Doch	sie ein und koch- jetzt erst merkten	te für sie. Schließ- die Blinden, dass	lich wollte er ab- keiner von ihnen
das Geld hatte. Sie zur Strafe in den	waren genauso be- Schweinestall und	trogen wie der Wirt. legte ihnen Stroh	Dieser sperrte sie und Heu vor.

So geht's:

- Alle Puzzleteile ausschneiden.
- Immer 4 Puzzleteile neu nebeneinander legen, so dass eine richtige Geschichte entsteht.
- Mit den 2 Puzzleteilen „Einmal traf Eu-“ und „lenspiegel 12“ beginnen.
- Den Text lesen und überlegen, welche Puzzleteile folgen müssen. Achtung: Jedes Puzzleteil enthält immer ein Stück von 2 Textzeilen, der Text wird aber Zeile für Zeile gelesen.
- Die nächsten 4 Puzzleteile suchen und darunter legen usw.
- **Tipp:** Manchmal hilft es, auch die Wörter in der 2. Textreihe zu lesen.
- **Selbstkontrolle:** Eine sinnvolle Geschichte und ein Bild im Hintergrund.

3 Eulenspiegel betrog einen Metzger

(125 Wörter)

Einmal war Eu- Braten?“ Gerne gesagt. Sie Nachbarn feind-	Erfurt. Dort be- spiegel einen ob ich nicht Er nahm ihnen	lenspiegel in ließ sich Eulen- fragten mich nur, lich gesonnen.	kaufen, was Sie türlich bezah- es gehört, die Eulenspiegels	Da sprach ihn davon. Der Metz- Dann haben Sie indem er ihnen	nehmen kön- lenspiegel bezeugen.” Die lenspiegel aber	„Wollen Sie so! Sie müssen gezeigt. Ihre machte. Sie be-
spiel einen haben Sie nichts ger waren dem und ging davon.	suchte er einen Braten geben etwas mitneh- nämlich immer	ein Metzger an: ger rief: „Nicht auf einen Braten tolle Angebote	mit nach Hause len!“ Doch Eu- können es sicher Behauptung. Eu-	großen Markt. und ging damit men wollte. die Kunden weg,	nen? Zum Bei- meinte: „Davon anderen Metz- nahm den Braten	nicht etwas den Braten na- Nachbarn haben stätigten deshalb

3 Eulenspiegel betrog einen Metzger – Lösungen

(125 Wörter)

Einmal war Eu- Braten?“ Gerne gesagt. Sie Nachbarn feind-	lenspiegel in ließ sich Eulen- fragten mich nur, lich gesonnen.	Erfurt. Dort be- spiegel einen ob ich nicht Er nahm ihnen	suchte er einen Braten geben etwas mitneh- nämlich immer	großen Markt. und ging damit men wollte. die Kunden weg,	Da sprach ihn davon. Der Metz- Dann haben Sie indem er ihnen	ein Metzger an: ger rief: „Nicht auf einen Braten tolle Angebote
„Wollen Sie so! Sie müssen gezeigt. Ihre machte. Sie be-	nicht etwas den Braten na- Nachbarn haben stätigten deshalb	kaufen, was Sie türlich bezah- es gehört, die Eulenspiegels	mit nach Hause len!“ Doch Eu- können es sicher Behauptung. Eu-	nehmen kön- lenspiegel bezeugen.” Die lenspiegel aber	nen? Zum Bei- meinte: „Davon anderen Metz- nahm den Braten	spiel einen haben Sie nichts ger waren dem und ging davon.

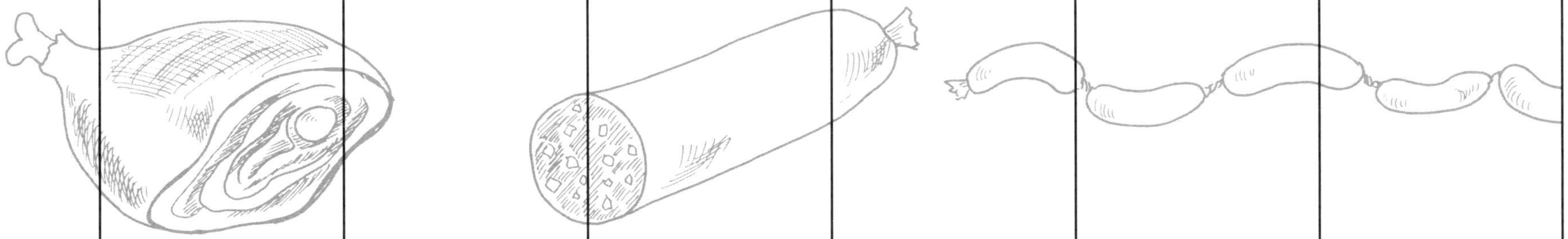

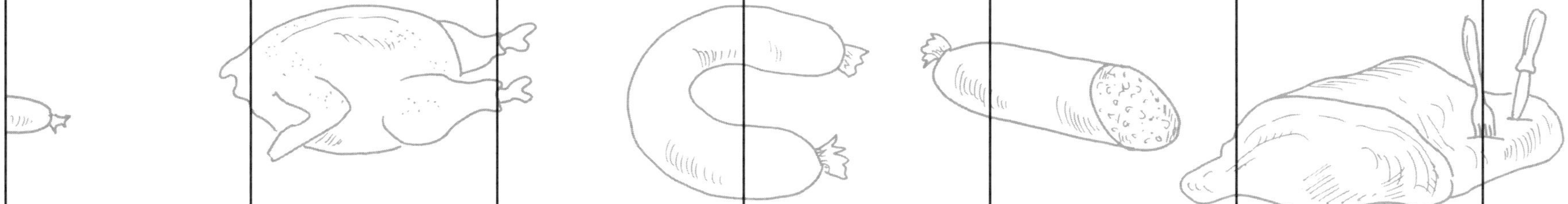

So geht's:
- Die Dominoteile ausschneiden.
- Alle Teile in eine lange Reihe legen, so dass eine Geschichte entsteht.
- Mit den 2 Dominoteilen „Einmal war Eu-“ und „lenspiegel in“ beginnen.

- **Tipp:** Manchmal hilft es, auch die Wörter in der 2., 3. und 4. Textreihe eines Dominoteils zu lesen.
- **Selbstkontrolle:** Eine sinnvolle Geschichte, Zeile für Zeile gelesen, und eine Bildfolge.

4 Eulenspiegel machte alle Kranken ohne Arznei gesund

(133 Wörter)

Einmal gab sich die Kranken ge- zu Pulver ver- sierte das Geld	spiegel, ihm zu als wichtiges im Bett liegen nen angedroht	Eulenspiegel in sund machen brennen, damit und verschwand	aus. Das Kran- ins Krankenhaus nächsten Morgen Kranken wieder	Chefarzt Eulen- Er erzählte jedem gab keinen, der Eulenspiegel ih-	helfen. Er ver- Geheimnis: „Ich blieb. Alle liefen hatte. Da merkte	halb bat der seiner Krankheit. heraus. Und es dem Arzt, was
sprach ihm 200 werde den Krän- sie heraus. Eu- er, dass er betro-	großer Arzt für spiegel sagte so- damit helfen 3 Tage später	überfüllt. Des- Kranken nach nicht krank seien, und erzählten	alle Krankheiten fort zu. Er ging kann.“ – Am erschienen die	Gulden, wenn er ksten von euch lenspiegel kas- gen worden war.	kenhaus war und fragte jeden rief er alle, die im Krankenhaus	Nürnberg als könne. Eulen- ich den anderen aus der Stadt.

Eulenspiegel machte alle Kranken ohne Arznei gesund – Lösungen

(133 Wörter)

Einmal gab sich die Kranken ge- zu Pulver ver- sierte das Geld	Eulenspiegel in sund machen brennen, damit und verschwand	Nürnberg als könne. Eulen- ich den anderen aus der Stadt.	großer Arzt für spiegel sagte so- damit helfen 3 Tage später	alle Krankheiten fort zu. Er ging kann.“ – Am erschienen die	aus. Das Kran- ins Krankenhaus nächsten Morgen Kranken wieder	kenhaus war und fragte jeden rief er alle, die im Krankenhaus
überfüllt. Des- Kranken nach nicht krank seien, und erzählten	halb bat der seiner Krankheit. heraus. Und es dem Arzt, was	Chefarzt Eulen- Er erzählte jedem gab keinen, der Eulenspiegel ih-	spiegel, ihm zu als wichtiges im Bett liegen nen angedroht	helfen. Er ver- Geheimnis: „Ich blieb. Alle liefen hatte. Da merkte	sprach ihm 200 werde den Krän- sie heraus. Eu- er, dass er betro-	Gulden, wenn er ksten von euch lenspiegel kas- gen worden war.

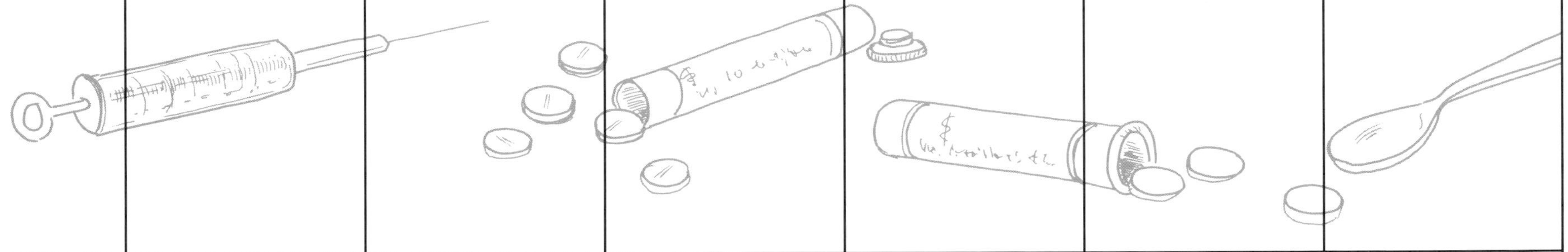

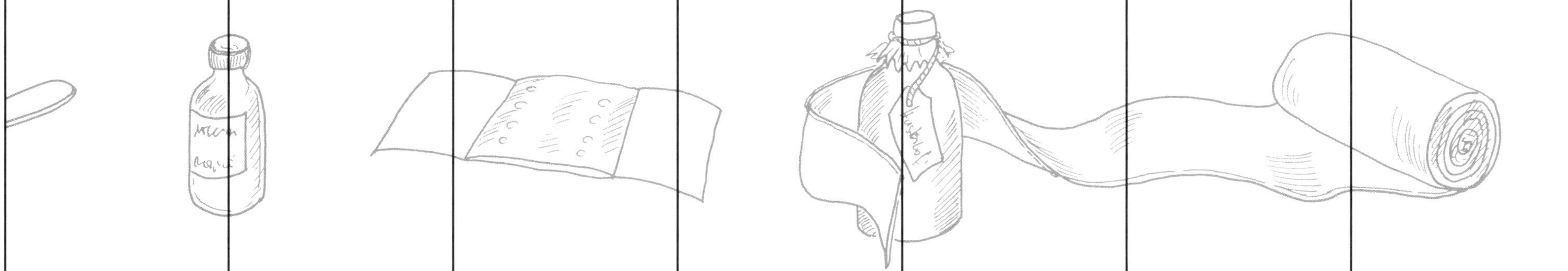

So geht's:

- Die Dominoteile ausschneiden.
- Alle Teile in eine lange Reihe legen, so dass eine Geschichte entsteht.
- Mit den 2 Dominoteilen „Einmal gab sich“ und „Eulenspiegel in“ beginnen.
- **Tipp:** Manchmal hilft es, auch die Wörter in der 2., 3. und 4. Textreihe eines Dominoteils zu lesen.
- **Selbstkontrolle:** Eine sinnvolle Geschichte, Zeile für Zeile gelesen, und eine Bildfolge.

5 Eulenspiegel machte die Magdeburger zu Narren

(135 Wörter) 

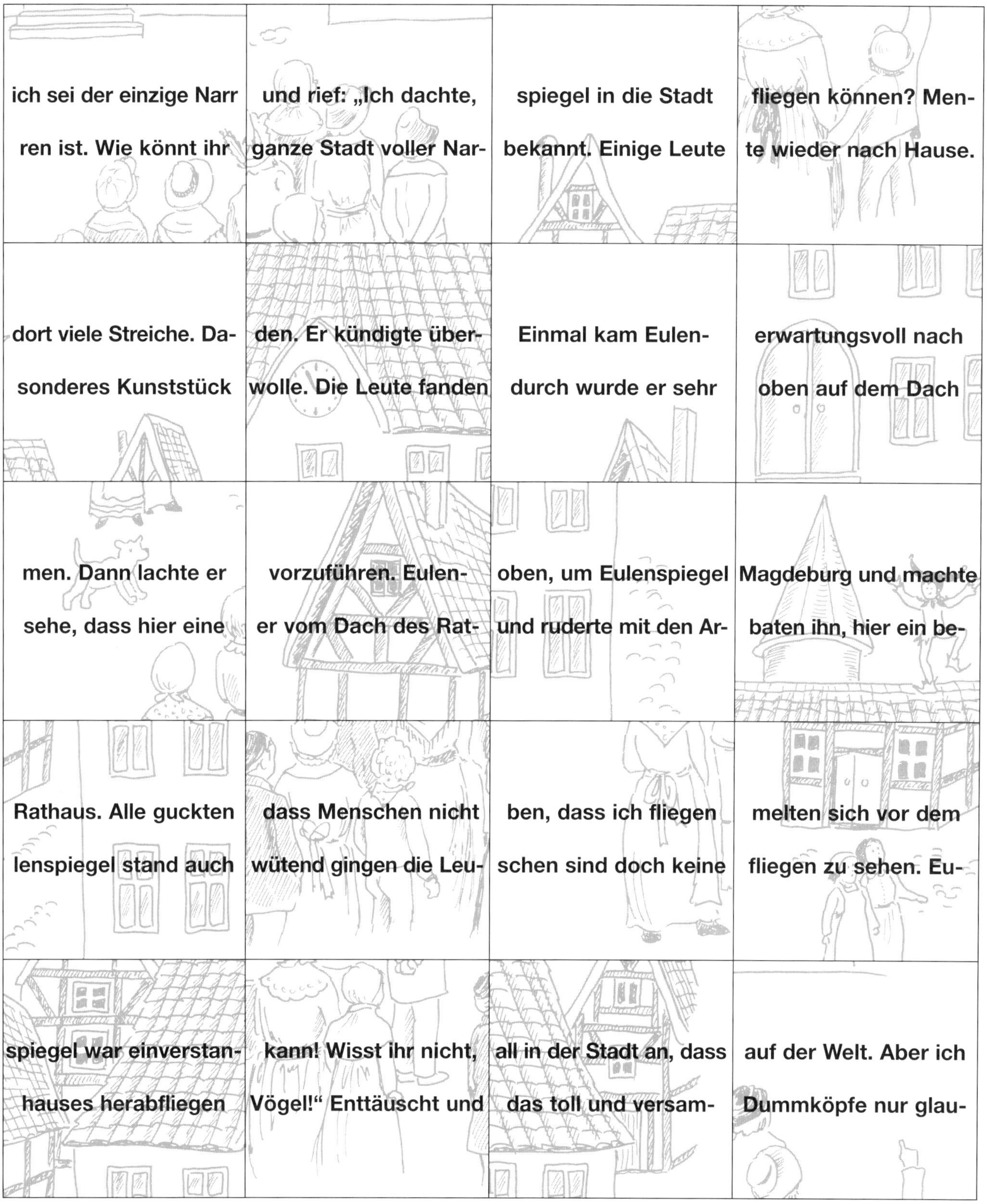

ich sei der einzige Narr ren ist. Wie könnt ihr	und rief: „Ich dachte, ganze Stadt voller Nar-	spiegel in die Stadt bekannt. Einige Leute	fliegen können? Men- te wieder nach Hause.
dort viele Streiche. Da- sonderes Kunststück	den. Er kündigte über- wolle. Die Leute fanden	Einmal kam Eulen- durch wurde er sehr	erwartungsvoll nach oben auf dem Dach
men. Dann lachte er sehe, dass hier eine	vorzuführen. Eulen- er vom Dach des Rat-	oben, um Eulenspiegel und ruderte mit den Ar-	Magdeburg und machte baten ihn, hier ein be-
Rathaus. Alle guckten lenspiegel stand auch	dass Menschen nicht wütend gingen die Leu-	ben, dass ich fliegen schen sind doch keine	melten sich vor dem fliegen zu sehen. Eu-
spiegel war einverstan- hauses herabfliegen	kann! Wisst ihr nicht, Vögel!“ Enttäuscht und	all in der Stadt an, dass das toll und versam-	auf der Welt. Aber ich Dummköpfe nur glau-

Eulenspiegel machte die Magdeburger zu Narren – Lösungen

(135 Wörter)

Einmal kam Eulen- durch wurde er sehr	spiegel in die Stadt bekannt. Einige Leute	Magdeburg und machte baten ihn, hier ein be-	dort viele Streiche. Da- sonderes Kunststück
vorzuführen. Eulen- er vom Dach des Rat-	spiegel war einverstan- hauses herabfliegen	den. Er kündigte über- wolle. Die Leute fanden	all in der Stadt an, dass das toll und versam-
melten sich vor dem fliegen zu sehen. Eu-	Rathaus. Alle guckten lenspiegel stand auch	erwartungsvoll nach oben auf dem Dach	oben, um Eulenspiegel und ruderte mit den Ar-
men. Dann lachte er sehe, dass hier eine	und rief: „Ich dachte, ganze Stadt voller Nar-	ich sei der einzige Narr ren ist. Wie könnt ihr	auf der Welt. Aber ich Dummköpfe nur glau-
ben, dass ich fliegen schen sind doch keine	kann! Wisst ihr nicht, Vögel!“ Enttäuscht und	dass Menschen nicht wütend gingen die Leu-	fliegen können? Men- te wieder nach Hause.

So geht's:

- Alle Puzzleteile ausschneiden.
- Immer 4 Puzzleteile neu nebeneinander legen, so dass eine richtige Geschichte entsteht.
- Mit den 2 Puzzleteilen „Einmal kam Eulen-“ und „spiegel in die Stadt“ beginnen.
- Den Text lesen und überlegen, welche Puzzleteile folgen müssen. Achtung: Jedes Puzzleteil enthält immer ein Stück von 2 Textzeilen, der Text wird aber Zeile für Zeile gelesen.
- Die nächsten 4 Puzzleteile suchen und darunter legen usw.
- **Tipp:** Manchmal hilft es, auch die Wörter in der 2. Textreihe zu lesen.
- **Selbstkontrolle:** Eine sinnvolle Geschichte und ein Bild im Hintergrund.

6 Eulenspiegel ärgerte die Leute vom Pferd seines Vaters aus

(145 Wörter)

Einmal, als Eulen- von den Leuten lenspiegel die Pferd. Jetzt und still sitzt,	Sie klagten: „Der der Vater vorn dass die Leute ten die Leute	ten sich die halb ritt er mit Vater merkte steckte ihnen die	war, beschwer- digt wurde. Des- Hinterteil. Der te an und	Nachbarn bei seinem Vater nichts davon und Zunge heraus.	ab. Er wollte sei- des Mal, wenn setzte der Vater wirklich ein armes	spiegel stritt das Sattel. Aber je- nächsten Mal Vater: „Du bist
nem Vater be- Leute ihnen nach- Eulenspiegel vor Kind! Auch wenn	Junge ärgert uns und Eulenspiegel mit seinem Sohn mit Eulenspiegel.	kleiner Junge recht beschul- zeigt sein nacktes spiegel die Leu- über dich.“	spiegel noch ein immer zu Un- Hose runter und grinste Eulen- klagen die Leute	ständig.“ Eulen- still hinter ihm im schimpften. Beim Da sagte der	weisen, dass er sahen, ließ Eu- sich auf das du ganz brav	seinem Vater. über die Straße, wunderte sich, Wieder schimpf-

Eulenspiegel ärgerte die Leute vom Pferd seines Vaters aus – Lösungen

(145 Wörter)

Einmal, als Eulen- von den Leuten lenspiegel die Pferd. Jetzt und still sitzt,	spiegel noch ein immer zu Un- Hose runter und grinste Eulen- klagen die Leute	kleiner Junge recht beschul- zeigt sein nacktes spiegel die Leu- über dich.“	war, beschwer- digt wurde. Des- Hinterteil. Der te an und	ten sich die halb ritt er mit Vater merkte steckte ihnen die	Nachbarn bei seinem Vater nichts davon und Zunge heraus.	seinem Vater. über die Straße, wunderte sich, Wieder schimpf-
Sie klagten: „Der der Vater vorn dass die Leute ten die Leute	Junge ärgert uns und Eulenspiegel mit seinem Sohn mit Eulenspiegel.	ständig.“ Eulen- still hinter ihm im schimpften. Beim Da sagte der	spiegel stritt das Sattel. Aber je- nächsten Mal Vater: „Du bist	ab. Er wollte sei- des Mal, wenn setzte der Vater wirklich ein armes	nem Vater be- Leute ihnen nach- Eulenspiegel vor Kind! Auch wenn	weisen, dass er sahen, ließ Eu- sich auf das du ganz brav

So geht's:
- Die Dominoteile ausschneiden.
- Alle Teile in eine lange Reihe legen, so dass eine Geschichte entsteht.
- Mit den 2 Dominoteilen „Einmal, als Eulen-“ und „spiegel noch ein“ beginnen.
- **Tipp:** Manchmal hilft es, auch die Wörter in den anderen Textreihen eines Dominoteils zu lesen.
- **Selbstkontrolle:** Eine sinnvolle Geschichte, Zeile für Zeile gelesen, und eine Bildfolge.

7 Eulenspiegel stand auf eigenem Land

(149 Wörter)

Einmal hatte Eulenspiegel mit dem Herzog von Lüneburg großen Streit. Der verbot ihm darauf, sein Land jemals wieder zu betreten.
Da kaufte sich Eulenspiegel ein Pferd und einen Wagen. Dann fuhr er zu einem Bauern auf den Acker und kaufte ihm einen Wagen voll Erde ab. Anschließend stellte er sich auf die Erde in seinem Wagen und fuhr vor die Burg des Herzogs. Als der Herzog ihn sah, rief er: „Eulenspiegel, ich habe dir verboten, mein Land zu betreten. Jetzt will ich dich töten lassen." Eulenspiegel antwortete: „Nein Herr, ich stehe nicht auf deinem Land! Ich stehe auf meinem Land, das ich eben von einem Bauern gekauft habe." Da schrie der Herzog: „Eulenspiegel, verschwinde mit deinem Land von meinem Land, sonst lass ich dich und dein Pferd töten!" Eulenspiegel sprang schnell auf sein Pferd und ritt davon. Den Wagen mit seiner Erde ließ er aber vor der Burg stehen.

Fragen zum Text:	**Mögliche Antworten:**	
Mit welchem Herzog hatte Eulenspiegel Streit?	Mit dem Herzog von Lübeck. (28)	Mit dem Herzog von Lüneburg. (19)
Was hatte der Herzog Eulenspiegel verboten?	Das Land des Herzogs zu betreten. (25)	Die Burg des Herzogs zu betreten. (22)
Welches Fahrzeug kaufte sich Eulenspiegel?	Einen LKW. (16)	Einen Pferdewagen. (18)
Was kaufte Eulenspiegel vom Bauern?	Einen Wagen voll Erde. (14)	Eine Kuh. (10)
Wohin fuhr Eulenspiegel mit seinem Wagen?	Vor die Burg des Herzogs. (8)	In die Burg des Herzogs. (11)
Was wollte der Herzog mit Eulenspiegel zuerst machen?	Ihn töten lassen. (12)	Ihn einsperren. (17)
Warum war Eulenspiegel sicher, dass ihm nichts passierte?	Weil er stärker als der Herzog war. (23)	Weil er auf seinem eigenen Land stand. (2)
Was machte der Herzog nach Eulenspiegels Erklärung?	Er wurde Eulenspiegels bester Freund. (29)	Er befahl Eulenspiegel zu verschwinden. (5)
Wie entkam Eulenspiegel zum Schluss?	Er ritt davon. (4)	Er lief weg. (30)
Was machte Eulenspiegel mit seinem Wagen?	Er nahm ihn mit. (27)	Er ließ ihn vor der Burg stehen. (3)

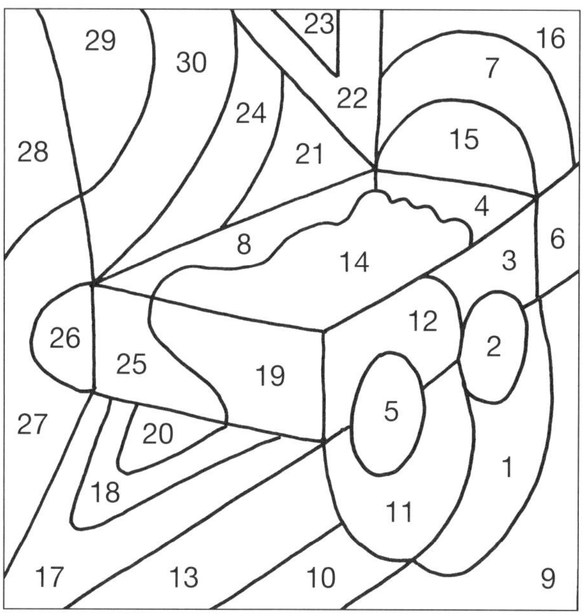

7 Eulenspiegel stand auf eigenem Land – Lösungen

(149 Wörter)

Einmal hatte Eulenspiegel mit dem Herzog von Lüneburg großen Streit. Der verbot ihm darauf, sein Land jemals wieder zu betreten.
Da kaufte sich Eulenspiegel ein Pferd und einen Wagen. Dann fuhr er zu einem Bauern auf den Acker und kaufte ihm einen Wagen voll Erde ab. Anschließend stellte er sich auf die Erde in seinem Wagen und fuhr vor die Burg des Herzogs. Als der Herzog ihn sah, rief er: „Eulenspiegel, ich habe dir verboten, mein Land zu betreten. Jetzt will ich dich töten lassen." Eulenspiegel antwortete: „Nein Herr, ich stehe nicht auf deinem Land! Ich stehe auf meinem Land, das ich eben von einem Bauern gekauft habe." Da schrie der Herzog: „Eulenspiegel, verschwinde mit deinem Land von meinem Land, sonst lass ich dich und dein Pferd töten!" Eulenspiegel sprang schnell auf sein Pferd und ritt davon. Den Wagen mit seiner Erde ließ er aber vor der Burg stehen.

Fragen zum Text:	**Mögliche Antworten:**	
Mit welchem Herzog hatte Eulenspiegel Streit?	Mit dem Herzog von Lübeck. (28)	Mit dem Herzog von Lüneburg. (19)
Was hatte der Herzog Eulenspiegel verboten?	Das Land des Herzogs zu betreten. (25)	Die Burg des Herzogs zu betreten. (22)
Welches Fahrzeug kaufte sich Eulenspiegel?	Einen LKW. (16)	Einen Pferdewagen. (18)
Was kaufte Eulenspiegel vom Bauern?	Einen Wagen voll Erde. (14)	Eine Kuh. (10)
Wohin fuhr Eulenspiegel mit seinem Wagen?	Vor die Burg des Herzogs. (8)	In die Burg des Herzogs. (11)
Was wollte der Herzog mit Eulenspiegel zuerst machen?	Ihn töten lassen. (12)	Ihn einsperren. (17)
Warum war Eulenspiegel sicher, dass ihm nichts passierte?	Weil er stärker als der Herzog war. (23)	Weil er auf seinem eigenen Land stand. (2)
Was machte der Herzog nach Eulenspiegels Erklärung?	Er wurde Eulenspiegels bester Freund. (29)	Er befahl Eulenspiegel zu verschwinden. (5)
Wie entkam Eulenspiegel zum Schluss?	Er ritt davon. (4)	Er lief weg. (30)
Was machte Eulenspiegel mit seinem Wagen?	Er nahm ihn mit. (27)	Er ließ ihn vor der Burg stehen. (3)

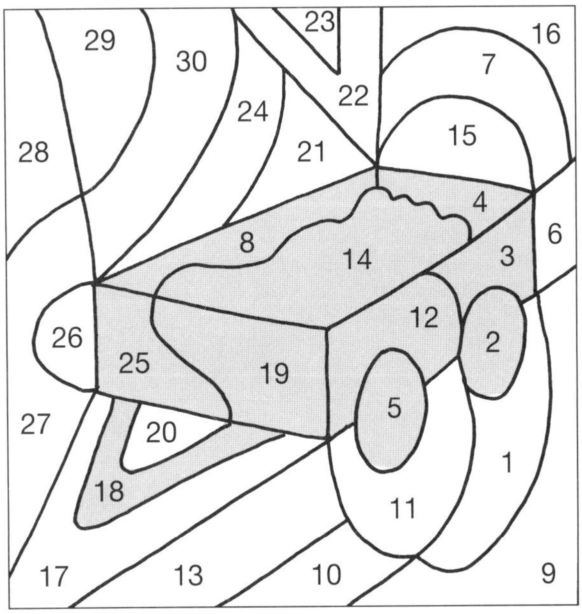

So geht's:

- Den Text aufmerksam durchlesen.
- Hinter den 10 Fragen zum Text gibt es immer 2 Antworten. Nur eine davon ist richtig.
- Die richtigen Antworten markieren.
- Die Zahlen hinter den richtigen Antworten geben an, welche Felder ausgemalt werden müssen.
- **Selbstkontrolle:** Lösungsfigur.

8 Eulenspiegel betrog einen Bäcker

(150 Wörter)

Einmal wollte Eulenspiegel seiner Mutter eine Freude machen und Brot holen. Dazu ging er in die Nachbarstadt zu einem Bäcker, der ihn nicht kannte. Eulenspiegel behauptete, der Diener eines reichen Herrn zu sein. Er sagte: „Mein Herr schickt mich, um Brote zu holen. Dein Junge soll dann mit mir zurückgehen, damit ihm mein Herr die Brote bezahlen kann.“ Der Bäcker war einverstanden und gab Eulenspiegel die gewünschten Brote. Eulenspiegel steckte sie in einen Sack, in den er zuvor ein Loch geschnitten hatte.
Als er mit dem Bäckerjungen ein Stück gegangen war, ließ er ein Brot aus dem Sack auf die Straße fallen. Dann sagte er zum Bäckerjungen: „Dieses dreckige Brot kann ich unmöglich meinem Herrn bringen.“ Er schickte den Bäckerjungen zurück, ein neues Brot zu holen. Eulenspiegel wartete aber nicht, bis der Junge wieder kam. Er machte sich mit den restlichen Broten davon und brachte sie seiner ahnungslosen Mutter.

Fragen zum Text:	**Mögliche Antworten:**	
Für wen wollte Eulenspiegel Brot holen?	Für seine Mutter. (4)	Für sich selbst. (3)
Wo wohnte der Bäcker, zu dem Eulenspiegel ging?	In der Nachbarstadt. (10)	In Eulenspiegels Heimatstadt. (8)
Von wem wurde Eulenspiegel angeblich geschickt?	Von seiner Mutter. (5)	Von einem reichen Herrn. (20)
Kaufte Eulenspiegel ein oder mehrere Brote?	Ein Brot. (14)	Mehrere Brote. (19)
Wer begleitete Eulenspiegel auf dem Rückweg?	Der Bäcker. (24)	Der Bäckerjunge. (26)
Worin trug Eulenspiegel die Brote?	In einem Sack. (17)	In einem Korb. (22)
Warum fiel ein Brot auf die Straße?	Weil Eulenspiegel ungeschickt war. (21)	Weil im Sack ein Loch war. (11)
Warum schickte Eulenspiegel den Bäckerjungen zurück?	Weil es schon sehr spät war. (6)	Damit Eulenspiegel mit den übrigen Broten weglaufen konnte. (7)
Wie lange wartete Eulenspiegel auf den Bäckerjungen?	Überhaupt nicht. (18)	Etwa zehn Minuten. (1)
Wusste Eulenspiegels Mutter von seinem Streich?	Nein. (4)	Ja. (2)

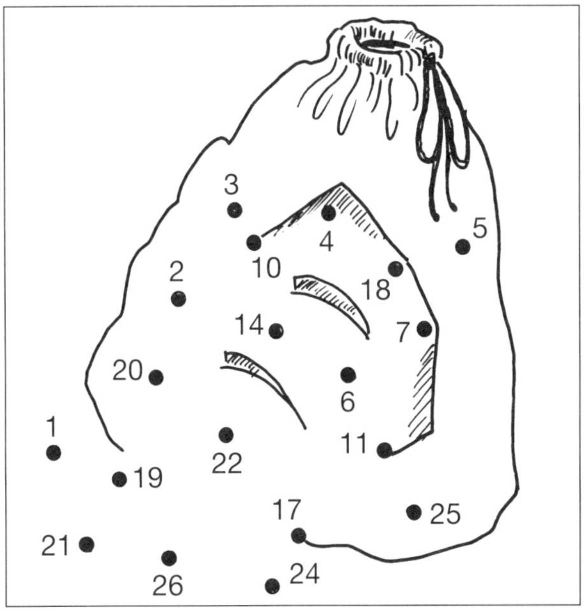

8	**Eulenspiegel betrog einen Bäcker – Lösungen**	(150 Wörter)

Einmal wollte Eulenspiegel seiner Mutter eine Freude machen und Brot holen. Dazu ging er in die Nachbarstadt zu einem Bäcker, der ihn nicht kannte. Eulenspiegel behauptete, der Diener eines reichen Herrn zu sein. Er sagte: „Mein Herr schickt mich, um Brote zu holen. Dein Junge soll dann mit mir zurückgehen, damit ihm mein Herr die Brote bezahlen kann.“ Der Bäcker war einverstanden und gab Eulenspiegel die gewünschten Brote. Eulenspiegel steckte sie in einen Sack, in den er zuvor ein Loch geschnitten hatte.
Als er mit dem Bäckerjungen ein Stück gegangen war, ließ er ein Brot aus dem Sack auf die Straße fallen. Dann sagte er zum Bäckerjungen: „Dieses dreckige Brot kann ich unmöglich meinem Herrn bringen.“ Er schickte den Bäckerjungen zurück, ein neues Brot zu holen. Eulenspiegel wartete aber nicht, bis der Junge wieder kam. Er machte sich mit den restlichen Broten davon und brachte sie seiner ahnungslosen Mutter.

Fragen zum Text:	**Mögliche Antworten:**	
Für wen wollte Eulenspiegel Brot holen?	Für seine Mutter. (4)	Für sich selbst. (3)
Wo wohnte der Bäcker, zu dem Eulenspiegel ging?	In der Nachbarstadt. (10)	In Eulenspiegels Heimatstadt. (8)
Von wem wurde Eulenspiegel angeblich geschickt?	Von seiner Mutter. (5)	Von einem reichen Herrn. (20)
Kaufte Eulenspiegel ein oder mehrere Brote?	Ein Brot. (14)	Mehrere Brote. (19)
Wer begleitete Eulenspiegel auf dem Rückweg?	Der Bäcker. (24)	Der Bäckerjunge. (26)
Worin trug Eulenspiegel die Brote?	In einem Sack. (17)	In einem Korb. (22)
Warum fiel ein Brot auf die Straße?	Weil Eulenspiegel ungeschickt war. (21)	Weil im Sack ein Loch war. (11)
Warum schickte Eulenspiegel den Bäckerjungen zurück?	Weil es schon sehr spät war. (6)	Damit Eulenspiegel mit den übrigen Broten weglaufen konnte. (7)
Wie lange wartete Eulenspiegel auf den Bäckerjungen?	Überhaupt nicht. (18)	Etwa zehn Minuten. (1)
Wusste Eulenspiegels Mutter von seinem Streich?	Nein. (4)	Ja. (2)

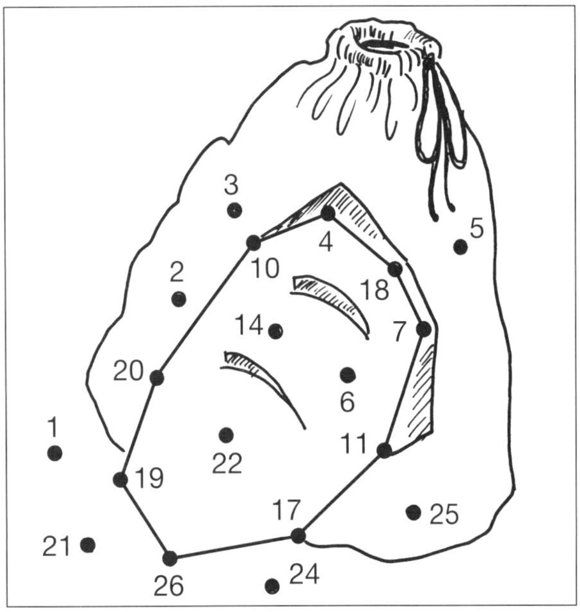

So geht's:
- Den Text aufmerksam durchlesen.
- Hinter den 10 Fragen zum Text gibt es immer 2 Antworten. Nur eine davon ist richtig.
- Die richtigen Antworten markieren.
- Die Zahlen hinter den richtigen Antworten zeigen, welche Punkte im Bild miteinander verbunden werden sollen (in der Reihenfolge der Antworten).
- **Selbstkontrolle:** Lösungsfigur.

9 Eulenspiegel tat genau, was der Meister ihm sagte

(169 Wörter)

Einmal arbeitete Eulenspiegel bei einem Schneidermeister. Eines Abends waren beide dabei, eine Jacke zusammenzunähen. Der Meister war aber müde und sprach zu Eulenspiegel: „Ich gehe schon mal schlafen. Du kannst ja eben noch die Ärmel an die Jacke werfen.“ Er meinte damit natürlich, dass Eulenspiegel die Ärmel noch annähen sollte. Als der Meister am nächsten Morgen in die Werkstatt kam, war Eulenspiegel immer noch bei der Arbeit: Die Jacke hing auf einem Bügel und Eulenspiegel warf aus einiger Entfernung die Ärmel gegen die Jacke. Die fielen natürlich zu Boden und Eulenspiegel begann, sie erneut zu werfen. „Was machst du da?“ wollte der Meister wissen. „Ich tue, was Sie gesagt haben“, antwortete Eulenspiegel. „Du Dummkopf! Du solltest die Ärmel annähen“, schimpfte darauf der Meister. „Ja, warum sagen Sie nicht, was Sie meinen“, entgegnete Eulenspiegel wütend. „Dann hätte ich nicht die ganze Nacht durcharbeiten müssen. Jetzt will ich sofort schlafen gehen.“ Weil der Meister das am hellen Tage aber nicht erlaubte, packte Eulenspiegel seine Sachen und zog in eine andere Stadt.

Fragen zum Text:	**Mögliche Antworten:**	
Bei wem arbeitete Eulenspiegel?	Bei einem Schneidermeister. (19)	Bei einem Schustermeister. (26)
Was machte Eulenspiegel abends zusammen mit dem Meister?	Sie nähten an einer Jacke. (24)	Sie nähten einen Mantel. (21)
Warum ließ der Meister Eulenspiegel allein weiter arbeiten?	Weil es ins Kino wollte. (16)	Weil er schlafen gehen wollte. (8)
Was sollte Eulenspiegel abends allein machen?	Die Ärmel annähen. (11)	Die Knöpfe annähen. (6)
Wie lange arbeitete Eulenspiegel an der Jacke?	Bis Mitternacht. (29)	Bis zum nächsten Morgen. (25)
Was machte Eulenspiegel mit den Ärmeln?	Er warf sie gegen die Jacke. (30)	Er nähte sie an. (22)
Was sagte der Meister am nächsten Morgen zu Eulenspiegel?	„Schön gemacht!“ (15)	„Du Dummkopf!“ (18)
Warum schimpfte der Meister mit Eulenspiegel?	Weil der die Ärmel falsch angenäht hatte. (1)	Weil der die Ärmel immer noch nicht angenäht hatte. (14)
Warum fühlte sich Eulenspiegel unschuldig?	Weil er getan hatte, was der Meister gesagt hatte. (4)	Weil die Jacke doch fertig war. (7)
Warum zog Eulenspiegel weiter?	Weil er genug Geld verdient hatte. (13)	Weil er am Tag seinen Schlaf nicht nachholen durfte. (3)

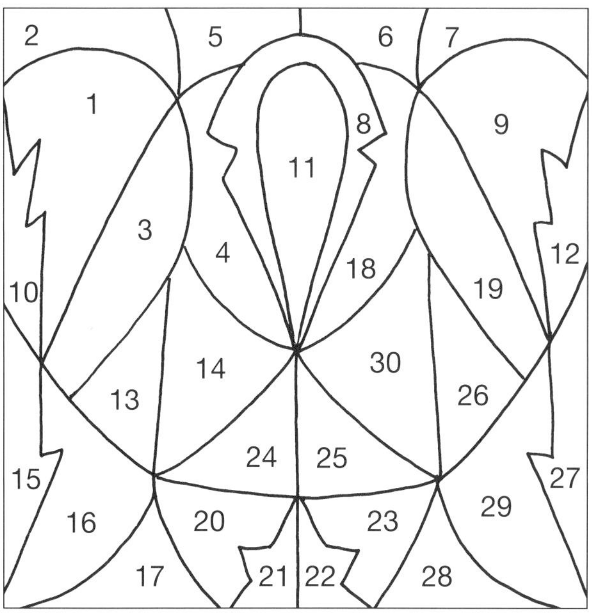

9	Eulenspiegel tat genau, was der Meister ihm sagte – Lösungen	(169 Wörter)

Einmal arbeitete Eulenspiegel bei einem Schneidermeister. Eines Abends waren beide dabei, eine Jacke zusammenzunähen. Der Meister war aber müde und sprach zu Eulenspiegel: „Ich gehe schon mal schlafen. Du kannst ja eben noch die Ärmel an die Jacke werfen.“ Er meinte damit natürlich, dass Eulenspiegel die Ärmel noch annähen sollte. Als der Meister am nächsten Morgen in die Werkstatt kam, war Eulenspiegel immer noch bei der Arbeit: Die Jacke hing auf einem Bügel und Eulenspiegel warf aus einiger Entfernung die Ärmel gegen die Jacke. Die fielen natürlich zu Boden und Eulenspiegel begann, sie erneut zu werfen. „Was machst du da?“ wollte der Meister wissen. „Ich tue, was Sie gesagt haben“, antwortete Eulenspiegel. „Du Dummkopf! Du solltest die Ärmel annähen“, schimpfte darauf der Meister. „Ja, warum sagen Sie nicht, was Sie meinen“, entgegnete Eulenspiegel wütend. „Dann hätte ich nicht die ganze Nacht durcharbeiten müssen. Jetzt will ich sofort schlafen gehen.“ Weil der Meister das am hellen Tage aber nicht erlaubte, packte Eulenspiegel seine Sachen und zog in eine andere Stadt.

Fragen zum Text:	**Mögliche Antworten:**	
Bei wem arbeitete Eulenspiegel?	Bei einem Schneidermeister. (19)	Bei einem Schustermeister. (26)
Was machte Eulenspiegel abends zusammen mit dem Meister?	Sie nähten an einer Jacke. (24)	Sie nähten einen Mantel. (21)
Warum ließ der Meister Eulenspiegel allein weiter arbeiten?	Weil es ins Kino wollte. (16)	Weil er schlafen gehen wollte. (8)
Was sollte Eulenspiegel abends allein machen?	Die Ärmel annähen. (11)	Die Knöpfe annähen. (6)
Wie lange arbeitete Eulenspiegel an der Jacke?	Bis Mitternacht. (29)	Bis zum nächsten Morgen. (25)
Was machte Eulenspiegel mit den Ärmeln?	Er warf sie gegen die Jacke. (30)	Er nähte sie an. (22)
Was sagte der Meister am nächsten Morgen zu Eulenspiegel?	„Schön gemacht!“ (15)	„Du Dummkopf!“ (18)
Warum schimpfte der Meister mit Eulenspiegel?	Weil der die Ärmel falsch angenäht hatte. (1)	Weil der die Ärmel immer noch nicht angenäht hatte. (14)
Warum fühlte sich Eulenspiegel unschuldig?	Weil er getan hatte, was der Meister gesagt hatte. (4)	Weil die Jacke doch fertig war. (7)
Warum zog Eulenspiegel weiter?	Weil er genug Geld verdient hatte. (13)	Weil er am Tag seinen Schlaf nicht nachholen durfte. (3)

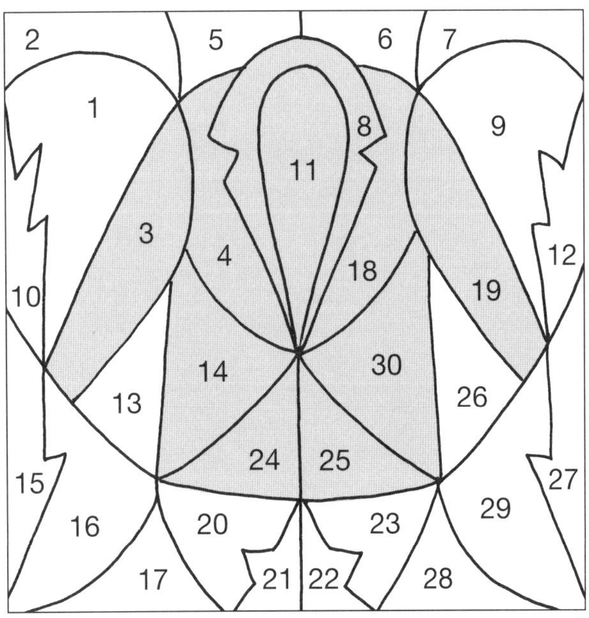

So geht's:

- Den Text aufmerksam durchlesen.
- Hinter den Fragen zum Text gibt es immer 2 Antworten. Nur eine davon ist richtig.
- Die richtigen Antworten markieren.
- Die Zahlen hinter den richtigen Antworten geben an, welche Felder ausgemalt werden müssen.
- **Selbstkontrolle:** Lösungsfigur.

10 Eulenspiegel erschreckte einen Wirt mit einem toten Wolf

(180 Wörter)

Einmal saß **Eine** Eulenspiegel im Winter in einer Herberge. Spät abends kamen noch drei Kaufleute. Sie berichteten von einem Angriff durch Mutter einen Wolf. Der Wirt will verspottete die Kaufleute und prahlte fünf mit seinem Mut gegenüber Wölfen. Die Birnen Kaufleute wollten es dem Wirt heimzahlen, weil zwei der Wirt so angegeben kleine hatte. Eulenspiegel versprach, ihnen und zu helfen. Er ging drei in den Wald und große erlegte einen Wolf und ließ ihn gerecht hart frieren. Dann steckte er unter ihn in einen Sack und nahm ihn mit in ihren die Herberge. Nachts stellte er den sechs toten Wolf an den Herd mit 2 Kinderschuhen im Maul. Dann rief er von seinem Zimmer Kindern aus den Wirt, um etwas verteilen zu trinken zu bestellen. Als der Wirt Wie den Wolf sah, fing er aus Angst an zu schreien und um Hilfe zu bitten. Eulenspiegel und die Kaufleute eilten macht gemeinsam zum Herd. Da erkannte der sie Wirt, dass er genarrt worden war. Beschämt das zog er sich zurück. Die Kaufleute Sie freuten sich und bezahlten dankbar Eulenspiegels kocht Zeche.

Rätsel: **Eine** ________ ______ ______ ________, ______ ________

______ ______ ________, __________ ________ ________

________ __________ ____________.

______ ________ ______ ______? ______ ________:

Lösungswort: _ _ _ _ _ _ _

(Das Wort enthält die Buchstaben: K M O O P T T)

Eulenspiegel erschreckte einen Wirt mit einem toten Wolf – Lösungen

(180 Wörter)

Einmal saß **Eine** Eulenspiegel im Winter in einer Herberge. Spät abends kamen noch drei Kaufleute. Sie berichteten von einem Angriff durch **Mutter** einen Wolf. Der Wirt **will** verspottete die Kaufleute und prahlte **fünf** mit seinem Mut gegenüber Wölfen. Die **Birnen** Kaufleute wollten es dem Wirt heimzahlen, weil **zwei** der Wirt so angegeben **kleine** hatte. Eulenspiegel versprach, ihnen **und** zu helfen. Er ging **drei** in den Wald und **große** erlegte einen Wolf und ließ ihn **gerecht** hart frieren. Dann steckte er **unter** ihn in einen Sack und nahm ihn mit in **ihren** die Herberge. Nachts stellte er den **sechs** toten Wolf an den Herd mit 2 Kinderschuhen im Maul. Dann rief er von seinem Zimmer **Kindern** aus den Wirt, um etwas **verteilen** zu trinken zu bestellen. Als der Wirt **Wie** den Wolf sah, fing er aus Angst an zu schreien und um Hilfe zu bitten. Eulenspiegel und die Kaufleute eilten **macht** gemeinsam zum Herd. Da erkannte der **sie** Wirt, dass er genarrt worden war. Beschämt **das** zog er sich zurück. Die Kaufleute **Sie** freuten sich und bezahlten dankbar Eulenspiegels **kocht** Zeche.

Rätsel: Eine Mutter will fünf Birnen, zwei kleine und drei große,

gerecht unter ihren sechs Kindern verteilen.

Wie macht sie das? Sie kocht:

Lösungswort: K O M P O T T

So geht's:

- Den Text aufmerksam durchlesen.
- In einigen Sätzen der Geschichte kommen Wörter vor, die nicht hinein gehören.
- Diese unpassenden Wörter unterstreichen.
- Alle unterstrichenen (unpassenden) Wörter ergeben der Reihe nach gelesen ein Rätsel.
- Rätsel unter dem Text notieren (ein Wort auf jeden Strich) und Aufgabe lösen.
- **Selbstkontrolle:** Rätsel und Antwort auf das Rätsel (Lösungswort).

11 Eulenspiegel bewahrte einen Pfarrer vor einer Lüge

(182 Wörter)

das andere Huhn sei. eine gegessen, das für	sen hätten. Ich hätte sprochen haben. Jetzt	gel. „Ich habe nur das und die Köchin die	men, obwohl Sie mir einer Lüge bewahrt.“
Pfarrer beschäftigte „Du sollst in meinem selbst.“ Eines Tages	Weil sie noch etwas hen. Als Eulenspiegel den Pfarrer, die	Hühner am Spieß. Spieß weiter zu dre- nur zwei Hühner für	beiden Hühner geges- gleiches Essen ver-
„Das hängt doch da“, mich war. Es hätte mir	Einmal ging Eulen- auch eine Köchin. Haus ebenso gut	antwortete Eulenspie- Leid getan, wenn Sie	me ich keins ab.“ ein Huhn am Spieß. lenspiegel, wo denn
essen, sonst bekom- kam, hing nur noch tend und fragte Eu-	Köchin und mich. Das tat er dann auch. Sofort rief sie den	das Mittagessen 2 sie Eulenspiegel, den dachte er: „Da sind	Jetzt muss ich eines Als die Köchin zurück Pfarrer. Der war wü-
bei einem Pfarrer. Der Mensch war, sagte er: die Köchin und ich	dann keines abbekom- habe ich Sie nur vor	spiegel in den Dienst Und weil er ein guter leben und essen wie	grillte die Köchin für besorgen musste, bat allein im Haus war,

11 Eulenspiegel bewahrte einen Pfarrer vor einer Lüge – Lösungen

(182 Wörter)

Einmal ging Eulen- auch eine Köchin. Haus ebenso gut	spiegel in den Dienst Und weil er ein guter leben und essen wie	bei einem Pfarrer. Der Mensch war, sagte er: die Köchin und ich	Pfarrer beschäftigte „Du sollst in meinem selbst.“ Eines Tages
grillte die Köchin für besorgen musste, bat allein im Haus war,	das Mittagessen 2 sie Eulenspiegel, den dachte er: „Da sind	Hühner am Spieß. Spieß weiter zu dre- nur zwei Hühner für	Weil sie noch etwas hen. Als Eulenspiegel den Pfarrer, die
Köchin und mich. Das tat er dann auch. Sofort rief sie den	Jetzt muss ich eines Als die Köchin zurück Pfarrer. Der war wü-	essen, sonst bekom- kam, hing nur noch tend und fragte Eu-	me ich keins ab.“ ein Huhn am Spieß. lenspiegel, wo denn
das andere Huhn sei. eine gegessen, das für	„Das hängt doch da“, mich war. Es hätte mir	antwortete Eulenspie- Leid getan, wenn Sie	gel. „Ich habe nur das und die Köchin die
beiden Hühner geges- gleiches Essen ver-	sen hätten. Ich hätte sprochen haben. Jetzt	dann keines abbekom- habe ich Sie nur vor	men, obwohl Sie mir einer Lüge bewahrt.“

So geht's:

- Alle Puzzleteile ausschneiden.
- Immer 4 Puzzleteile neu nebeneinander legen, so dass eine richtige Geschichte entsteht.
- Mit den 2 Puzzleteilen „Einmal ging Eulen“ und „spiegel in den Dienst“ beginnen.
- Den Text lesen und überlegen, welche Puzzleteile folgen müssen. Achtung: Jedes Puzzleteil enthält immer ein Stück von 2 oder 3 Textzeilen, der Text wird aber Zeile für Zeile gelesen.
- Die nächsten 4 Puzzleteile suchen und darunter legen usw.
- **Tipp:** Manchmal hilft es, auch die Wörter in der 2. und 3. Textreihe zu lesen.
- **Selbstkontrolle:** Eine sinnvolle Geschichte und ein Bild im Hintergrund.

12	**Eulenspiegel betrog eine Bäuerin beim Hühnerkauf**	(182 Wörter)

Einmal **Welches** ging Eulenspiegel über einen Wochenmarkt und überlegte, wie er mit wenig Geld etwas zum Essen kaufen könnte.
Da sah er eine alte Bäuerin, die einen Korb voll Hühner mit einem Geräusch Hahn verkaufen wollte. Eulenspiegel fragte nach dem Preis und nahm den Korb mit, ohne zu bezahlen. Die Bäuerin rannte hinter ihm her und wollte das Geld für die Hühner und den Hahn haben hören. Da sagte Eulenspiegel: „Ich bin der Diener einer reichen Frau. Der bringe ich die besonders Hühner und dann bekommst du dein Geld."
Die Bäuerin wollte aber sofort ihr faule Geld haben. Da meinte Schüler Eulenspiegel: „Du traust mir nicht in. Damit du aber siehst, dass ich es ehrlich mit der dir meine, gebe ich dir den Hahn zur Sicherheit als Pfand. Den sollst du behalten, bis ich mit dem Geld zurück bin."
Die Bäuerin war einverstanden und bekam ihren Schule Hahn. Von Eulenspiegel, dem Geld oder ihren Hühnern am aber sah sie nichts mehr. Da merkte sie erst, dass sie auf einen Trick liebsten hereingefallen war: Eulenspiegel hatte jetzt ihre Hühner, ohne etwas zu bezahlen.

Rätsel: **Welches** _______________ _________ _________________ _________

_____________ ___ _____ ___________ ___ _______________?

Lösungswort: Den __________________

(Das Wort enthält die Buchstaben: A E G G N N O P S U)

12 Eulenspiegel betrog eine Bäuerin beim Hühnerkauf – Lösungen

(182 Wörter)

Einmal **Welches** ging Eulenspiegel über einen Wochenmarkt und überlegte, wie er mit wenig Geld etwas zum Essen kaufen könnte.
Da sah er eine alte Bäuerin, die einen Korb voll Hühner mit einem **Geräusch** Hahn verkaufen wollte. Eulenspiegel fragte nach dem Preis und nahm den Korb mit, ohne zu bezahlen. Die Bäuerin rannte hinter ihm her und wollte das Geld für die Hühner und den Hahn haben **hören**. Da sagte Eulenspiegel: „Ich bin der Diener einer reichen Frau. Der bringe ich die **besonders** Hühner und dann bekommst du dein Geld."
Die Bäuerin wollte aber sofort ihr **faule** Geld haben. Da meinte **Schüler** Eulenspiegel: „Du traust mir nicht **in**. Damit du aber siehst, dass ich es ehrlich mit **der** dir meine, gebe ich dir den Hahn zur Sicherheit als Pfand. Den sollst du behalten, bis ich mit dem Geld zurück bin."
Die Bäuerin war einverstanden und bekam ihren **Schule** Hahn. Von Eulenspiegel, dem Geld oder ihren Hühnern **am** aber sah sie nichts mehr. Da merkte sie erst, dass sie auf einen Trick **liebsten** hereingefallen war: Eulenspiegel hatte jetzt ihre Hühner, ohne etwas zu bezahlen.

Rätsel: **Welches Geräusch hören besonders faule Schüler in der Schule am liebsten?**

Lösungswort: Den **P A U S E N G O N G**

So geht's:
- Den Text aufmerksam durchlesen.
- In einigen Sätzen der Geschichte kommen Wörter vor, die nicht hinein gehören.
- Diese unpassenden Wörter unterstreichen.
- Alle unterstrichenen (unpassenden) Wörter ergeben der Reihe nach gelesen ein Rätsel.
- Rätsel unter dem Text notieren (ein Wort auf jeden Strich) und Aufgabe lösen.
- **Selbstkontrolle:** Rätsel und Antwort auf das Rätsel (Lösungswort).

13 Eulenspiegel machte ein Kunststück mit Schuhen auf dem Seil

(196 Wörter) 

Einmal wollte Eulenspiegel den Leuten einen Streich spielen, weil sie ihn zuvor ausgelacht hatten.	K
Ritter lebten vor etwa 1000 Jahren in Europa.	M
Deshalb spannte er ein Seil zwischen zwei Häusern und kündigte ein Kunststück auf dem Seil an.	U
Sie waren besonders tapfere Kämpfer der Fürsten und Könige.	E
Er bat alle Leute, ihm für dieses Kunststück jeweils den linken Schuh zu geben.	N
Dafür bekamen sie Land und die darauf lebenden Bauern geliehen und später geschenkt.	I
So bekam Eulenspiegel hundert linke Schuhe.	S
Die Ritter bauten sich auf ihrem Land große Steinhäuser oder Burgen.	S
Die band er alle an eine Schnur und ging damit auf das Seil.	T
Die Burgen lagen entweder auf einem Berg oder sie waren mit Wassergräben geschützt.	T
Hoch oben schnitt er die Schnur durch, so dass alle Schuhe durcheinander auf die Straße fielen.	S
Die Bauern der Umgebung mussten ihren Ritter versorgen.	E
Die überraschten Leute stürzten sich auf den Haufen und versuchten, ihre Schuhe zu finden.	T
Im Krieg durften sie mit hinter die Burgmauer, um Schutz vor den Feinden zu haben.	R
So kam es zu einer riesigen Schlägerei.	Ü
Da waren alle Leute wütend auf Eulenspiegel.	C
Der wagte sich deshalb vier Wochen lang nicht mehr aus dem Haus.	K

Lösungswort:

K									

13	Eulenspiegel machte ein Kunststück mit Schuhen auf dem Seil – Lösungen	(196 Wörter)

Eulenspiegel-Geschichte:

Einmal wollte Eulenspiegel den Leuten einen Streich spielen, weil sie ihn zuvor ausgelacht hatten.	K
Deshalb spannte er ein Seil zwischen zwei Häusern und kündigte ein Kunststück auf dem Seil an.	U
Er bat alle Leute, ihm für dieses Kunststück jeweils den linken Schuh zu geben.	N
So bekam Eulenspiegel hundert linke Schuhe.	S
Die band er alle an eine Schnur und ging damit auf das Seil.	T
Hoch oben schnitt er die Schnur durch, so dass alle Schuhe durcheinander auf die Straße fielen.	S
Die überraschten Leute stürzten sich auf den Haufen und versuchten, ihre Schuhe zu finden.	T
So kam es zu einer riesigen Schlägerei.	Ü
Da waren alle Leute wütend auf Eulenspiegel.	C
Der wagte sich deshalb vier Wochen lang nicht mehr aus dem Haus.	K

Text über die Ritter:

Ritter lebten vor etwa 1000 Jahren in Europa.	M
Sie waren besonders tapfere Kämpfer der Fürsten und Könige.	E
Dafür bekamen sie Land und die darauf lebenden Bauern geliehen und später geschenkt.	I
Die Ritter bauten sich auf ihrem Land große Steinhäuser oder Burgen.	S
Die Burgen lagen entweder auf einem Berg oder sie waren mit Wassergräben geschützt.	T
Die Bauern der Umgebung mussten ihren Ritter versorgen.	E
Im Krieg durften sie mit hinter die Burgmauer, um Schutz vor den Feinden zu haben.	R

Lösungswort:

K	U	N	S	T	S	T	Ü	C	K

So geht's:

- Die Sätze zweier Geschichten sind durcheinander geraten. Einer der beiden Texte ist eine Eulenspiegel-Geschichte, der andere erzählt etwas von Rittern.
- Die Reihenfolge der Sätze innerhalb der beiden Geschichten ist von oben nach unten gelesen richtig.
- Hinter jedem Satz steht ein einzelner Buchstabe.
- Nur die Buchstaben, die zur Eulenspiegel-Geschichte gehören, unter „Lösungswort" notieren.
- **Selbstkontrolle:** Lösungswort.
- **Tipp:** Die 17 Streifen ausschneiden und die beiden Geschichten richtig geordnet auf dickeres Papier oder Karton aufkleben.

14 Eulenspiegel zählte in einem Kloster die Mönche

(199 Wörter)

Einst trat Eulenspiegel in ein Kloster ein, um für seine Sünden zu büßen.	E
Es gibt afrikanische Elefanten und asiatische, die kleiner sind.	K
Er war alt und verdrossen geworden und bereute sein wildes Leben.	l
Elefanten fressen jeden Tag rund 150 kg und trinken 150 l am Tag.	l
Er ging zu den Mönchen und versprach dem Kloster sein Vermögen.	e
Die Tiere werden fast 80 Jahre alt, 3 m groß, 4 m lang und bis 5 Tonnen schwer.	o
Der Abt des Klosters verlangte von ihm, als Pförtner zu arbeiten.	f
Elefanten sehen zwar schlecht, können aber sehr gut hören.	s
Eulenspiegel sollte aus Kostengründen nur jeden dritten Besucher hereinlassen.	a
Erstaunlicherweise haben diese Kolosse nur insgesamt 6 Zähne.	t
Er befolgte diese Anweisung des Abtes äußerst genau.	n
Die Schneidezähne bestehen aus Elfenbein, das unter Naturschutz steht.	e
Deswegen ließ er viele Mönche des Klosters nicht ins Haus herein.	t
Die riesigen Tiere sind von der Ausrottung bedroht.	r
Der Abt gab Eulenspiegel deshalb eine andere Aufgabe.	e
Er sollte nachts die Mönche des Klosters in der Messe zählen.	n
Eulenspiegel brach in der Nacht einige Stufen aus der Treppe.	f
Als die Mönche kamen, fielen sie nacheinander die Treppe hinab.	u
So konnte Eulenspiegel sie gut zählen. Doch der Abt jagte ihn fort.	ß

Lösungswort:

E											

14 Eulenspiegel zählte in einem Kloster die Mönche – Lösungen

(199 Wörter)

Eulenspiegel-Geschichte:

Einst trat Eulenspiegel in ein Kloster ein, um für seine Sünden zu büßen.	E
Er war alt und verdrossen geworden und bereute sein wildes Leben.	l
Er ging zu den Mönchen und versprach dem Kloster sein Vermögen.	e
Der Abt des Klosters verlangte von ihm, als Pförtner zu arbeiten.	f
Eulenspiegel sollte aus Kostengründen nur jeden dritten Besucher hereinlassen.	a
Er befolgte diese Anweisung des Abtes äußerst genau.	n
Deswegen ließ er viele Mönche des Klosters nicht ins Haus herein.	t
Der Abt gab Eulenspiegel deshalb eine andere Aufgabe.	e
Er sollte nachts die Mönche des Klosters in der Messe zählen.	n
Eulenspiegel brach in der Nacht einige Stufen aus der Treppe.	f
Als die Mönche kamen, fielen sie nacheinander die Treppe hinab.	u
So konnte Eulenspiegel sie gut zählen. Doch der Abt jagte ihn fort.	ß

Text über Elefanten:

Es gibt afrikanische Elefanten und asiatische, die kleiner sind.	K
Elefanten fressen jeden Tag rund 150 kg und trinken 150 l am Tag.	l
Die Tiere werden fast 80 Jahre alt, 3 m groß, 4 m lang und bis 5 Tonnen schwer.	o
Elefanten sehen zwar schlecht, können aber sehr gut hören.	s
Erstaunlicherweise haben diese Kolosse nur insgesamt 6 Zähne.	t
Die Schneidezähne bestehen aus Elfenbein, das unter Naturschutz steht.	e
Die riesigen Tiere sind von der Ausrottung bedroht.	r

Lösungswort:

E	l	e	f	a	n	t	e	n	f	u	ß

So geht's:

- Die Sätze zweier Geschichten sind durcheinander geraten. Einer der beiden Texte ist eine Eulenspiegel-Geschichte, der andere erzählt etwas von Elefanten.
- Die Reihenfolge der Sätze innerhalb der beiden Geschichten ist von oben nach unten gelesen richtig.
- Hinter jedem Satz steht ein einzelner Buchstabe.
- Nur die Buchstaben, die zur Eulenspiegel-Geschichte gehören, bei „Lösungswort“ notieren.
- **Selbstkontrolle:** Lösungswort.
- **Tipp:** Die 19 Streifen ausschneiden und die beiden Geschichten richtig geordnet auf dickeres Papier oder Karton aufkleben.

15 Eulenspiegel beschummelte einen Wirt

(220 Wörter)

Einmal war Eulenspiegel in Lübeck. Im Ratskeller gab es einen Wirt, der sehr hochmütig und stolz war. Auch glaubte er, klüger als alle anderen zu sein. Immer wieder erzählte er jedem: „Ich suche noch den Mann, der mich betrügen und der meine Klugheit überlisten kann.“ So machte er sich überall unbeliebt.
Als Eulenspiegel davon hörte, fühlte er sich angespornt. Er wollte unbedingt sehen, ob er den Wirt übertölpeln könnte. Er besorgte 2 gleiche Kannen. In die eine goss er Wasser, die andere ließ er leer. Die Kanne mit dem Wasser verbarg er unter seinem Mantel, die andere nahm er offen mit. So ging er zum Weinkeller und ließ sich die leere Kanne mit Wein füllen. Heimlich nahm er die Kanne mit dem Wasser hervor und versteckte die mit dem Wein unter seinem Mantel.
Der Preis für den Wein war ihm angeblich zu teuer. Der Wirt wurde deswegen zornig und verlangte von Eulenspiegel, er solle den Wein wieder zurückgießen. Eulenspiegel gab ihm die Kanne mit Wasser und der Wirt goss den vermeintlichen Wein wieder zurück in das Fass. Der Wirt sprach: „Was bist du für ein Narr, kaufst Wein und kannst ihn nicht bezahlen?“ Eulenspiegel antwortete: „Ich denke doch, dass du der Narr bist. Es ist niemand so klug, dass er nicht von Narren betrogen werden könnte.“ Und weg war er.

Fragen zum Text:	**Mögliche Antworten:**	
Welches Lokal gehörte dem Wirt?	Dem Wirt gehörte das Lokal „Zum Rat“. (8)	Es ist der Ratskeller. (7)
Womit gab der Wirt an?	Er meinte, der Klügste von allen zu sein. (11)	Er meinte, den besten Wein zu haben. (2)
War der Wirt beliebt?	Ja, er war sehr beliebt. (6)	Nein, er war unbeliebt. (17)
Was hatte Eulenspiegel vor?	Er wollte den Wirt übertölpeln. (26)	Er wollte mit dem Wirt wetten. (3)
Was brachte Eulenspiegel mit?	Er brachte seinen Bruder mit. (6)	Er brachte 2 Kannen mit. (19)
Womit füllte er eine Kanne?	Mit Wasser. (20)	Mit Saft. (14)
Womit füllte er die 2. Kanne?	Er nahm sie gar nicht mit. (1)	Er ließ sie leer. (10)
Wo versteckte Eulenspiegel eine Kanne?	Er steckte sie in seine Tasche. (24)	Er verbarg sie unter seinem Mantel. (4)
Warum wollte Eulenspiegel den angebotenen Wein nicht?	Der Wein war ihm zu teuer. (13)	Der Wein war ihm zu sauer. (21)
Was tat der Wirt mit dem eingefüllten Wasser?	Er goss es wieder zurück ins Fass. (7)	Er schüttete es auf den Boden. (16)

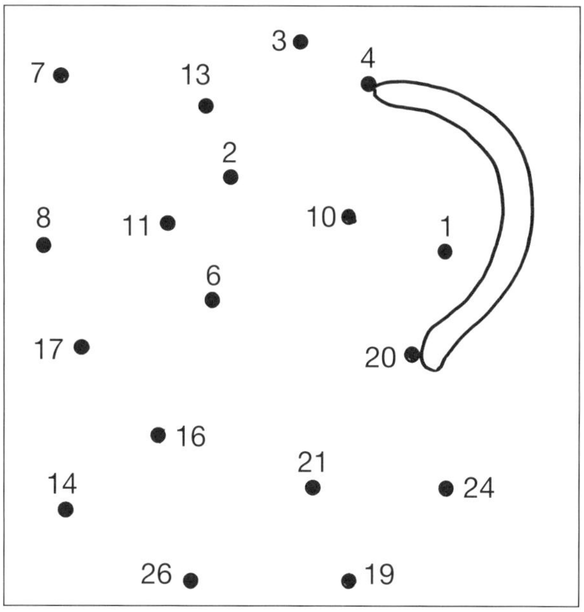

15 Eulenspiegel beschummelte einen Wirt – Lösungen

(220 Wörter)

Einmal war Eulenspiegel in Lübeck. Im Ratskeller gab es einen Wirt, der sehr hochmütig und stolz war. Auch glaubte er, klüger als alle anderen zu sein. Immer wieder erzählte er jedem: „Ich suche noch den Mann, der mich betrügen und der meine Klugheit überlisten kann.“ So machte er sich überall unbeliebt.
Als Eulenspiegel davon hörte, fühlte er sich angespornt. Er wollte unbedingt sehen, ob er den Wirt übertölpeln könnte. Er besorgte 2 gleiche Kannen. In die eine goss er Wasser, die andere ließ er leer. Die Kanne mit dem Wasser verbarg er unter seinem Mantel, die andere nahm er offen mit. So ging er zum Weinkeller und ließ sich die leere Kanne mit Wein füllen. Heimlich nahm er die Kanne mit dem Wasser hervor und versteckte die mit dem Wein unter seinem Mantel.
Der Preis für den Wein war ihm angeblich zu teuer. Der Wirt wurde deswegen zornig und verlangte von Eulenspiegel, er solle den Wein wieder zurückgießen. Eulenspiegel gab ihm die Kanne mit Wasser und der Wirt goss den vermeintlichen Wein wieder zurück in das Fass. Der Wirt sprach: „Was bist du für ein Narr, kaufst Wein und kannst ihn nicht bezahlen?“ Eulenspiegel antwortete: „Ich denke doch, dass du der Narr bist. Es ist niemand so klug, dass er nicht von Narren betrogen werden könnte.“ Und weg war er.

Fragen zum Text:	**Mögliche Antworten:**	
Welches Lokal gehörte dem Wirt?	Dem Wirt gehörte das Lokal „Zum Rat“. (8)	Es ist der Ratskeller. (7)
Womit gab der Wirt an?	Er meinte, der Klügste von allen zu sein. (11)	Er meinte, den besten Wein zu haben. (2)
War der Wirt beliebt?	Ja, er war sehr beliebt. (6)	Nein, er war unbeliebt. (17)
Was hatte Eulenspiegel vor?	Er wollte den Wirt übertölpeln. (26)	Er wollte mit dem Wirt wetten. (3)
Was brachte Eulenspiegel mit?	Er brachte seinen Bruder mit. (6)	Er brachte 2 Kannen mit. (19)
Womit füllte er eine Kanne?	Mit Wasser. (20)	Mit Saft. (14)
Womit füllte er die 2. Kanne?	Er nahm sie gar nicht mit. (1)	Er ließ sie leer. (10)
Wo versteckte Eulenspiegel eine Kanne?	Er steckte sie in seine Tasche. (24)	Er verbarg sie unter seinem Mantel. (4)
Warum wollte Eulenspiegel den angebotenen Wein nicht?	Der Wein war ihm zu teuer. (13)	Der Wein war ihm zu sauer. (21)
Was tat der Wirt mit dem eingefüllten Wasser?	Er goss es wieder zurück ins Fass. (7)	Er schüttete es auf den Boden. (16)

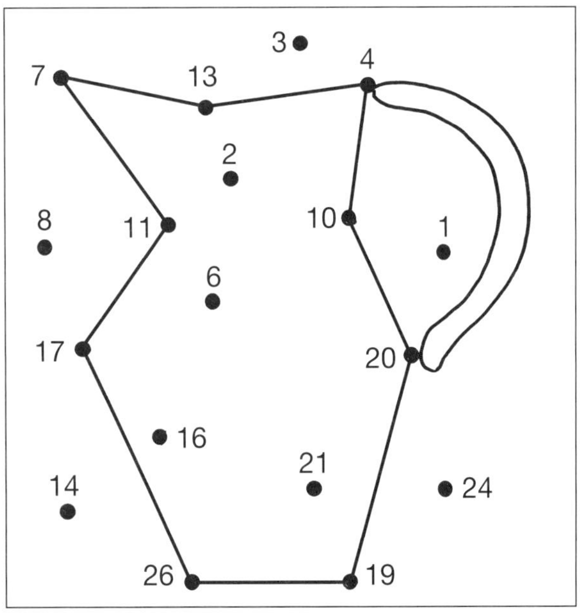

So geht's:

- Den Text aufmerksam durchlesen.
- Hinter den 10 Fragen zum Text gibt es immer 2 Antworten. Nur eine davon ist richtig.
- Die richtigen Antworten markieren.
- Die Zahlen hinter den richtigen Antworten zeigen, welche Punkte im Bild miteinander verbunden werden sollen (in der Reihenfolge der Antworten).
- **Selbstkontrolle:** Lösungsfigur.

16 Eulenspiegel backte Eulen und Meerkatzen

(227 Wörter)

Einmal war Eulenspiegel im Dezember in Braunschweig. Er wohnte dort bei einem Bäcker. Der suchte gerade einen Gesellen. Eulenspiegel übernahm gerne diese Aufgabe.
Nach ein paar Tagen sollte Eulenspiegel am Abend backen. Er fragte den Bäcker, was er denn backen sollte. Der wurde sehr zornig und sagte: „Na, was backt man denn normalerweise so? Back' doch Eulen und Meerkatzen!" Dann legte er sich schlafen. Eulenspiegel nahm ihn beim Wort. Er ging in die Backstube und backte aus dem ganzen Teig lauter Eulen und Meerkatzen.
Am nächsten Morgen kam der Meister in die Backstube. Er fand keine Brote, Brötchen oder Weckmänner vor, sondern lauter Eulen und Meerkatzen. Der Bäcker wurde sehr wütend und schimpfte sehr: „Was soll ich denn mit diesem Mist anfangen? So etwas kann ich nicht gebrauchen, das kauft doch kein Mensch. Bezahl mir meinen Teig und verschwinde mit deinen Viechern!" Eulenspiegel bezahlte dem Bäcker seinen Teig, packte die gebackenen Tiere in einen Korb und zog davon. Da es der Abend vor Nikolaus war, stellt er sich mit seiner Ware vor die Kirche und verkaufte in kurzer Zeit alle Backwaren an die begeisterten Kunden. So verdiente er in kurzer Zeit viel Geld. Der Bäcker wurde wieder wütend, als er das hörte. Er wollte nun von Eulenspiegel auch noch die Kosten für das Heizen und Backen. Aber Eulenspiegel war längst verschwunden und der Bäcker hatte das Nachsehen.

Fragen zum Text:	**Mögliche Antworten:**	
Wo wohnte Eulenspiegel in Braunschweig?	Er wohnte bei einem Bäcker. (1)	Er wohne beim Pastor. (2)
Was sollte Eulenspiegel dort tun?	Er sollte den Boden putzen. (4)	Er sollte backen. (15)
Was frage Eulenspiegel den Bäcker?	Er frage, was er backen sollte. (19)	Er fragte, wie viel er backen sollte. (8)
Wie reagierte der Bäcker?	Er lachte laut. (10)	Er wurde sehr zornig. (29)
Was backte Eulenspiegel?	Er backte Eulen und Meerkatzen. (5)	Er backte Hunde und Katzen. (14)
Warum wollte der Bäcker die Tiere nicht haben?	Weil er die Tiere nicht mochte. (16)	Weil er meinte, sie nicht verkaufen zu können. (17)
Wofür musste Eulenspiegel beim Bäcker bezahlen?	Für den Teig. (9)	Für den Stromverbrauch. (20)
Was machte Eulenspiegel mit den Tieren?	Er verkaufte sie in kurzer Zeit. (22)	Er verschenkte sie an Bedürftige. (23)
Wofür sollte Eulenspiegel noch bezahlen?	Für den Ärger des Bäckers. (25)	Für die Heiz- und Backkosten. (27)
Bekam der Bäcker das Geld für die Heizkosten?	Ja, Eulenspiegel gab es ihm gerne. (28)	Nein, Eulenspiegel war schon verschwunden. (11)

16	**Eulenspiegel backte Eulen und Meerkatzen – Lösungen**	(227 Wörter)

Einmal war Eulenspiegel im Dezember in Braunschweig. Er wohnte dort bei einem Bäcker. Der suchte gerade einen Gesellen. Eulenspiegel übernahm gerne diese Aufgabe.
Nach ein paar Tagen sollte Eulenspiegel am Abend backen. Er fragte den Bäcker, was er denn backen sollte. Der wurde sehr zornig und sagte: „Na, was backt man denn normalerweise so? Back' doch Eulen und Meerkatzen!" Dann legte er sich schlafen. Eulenspiegel nahm ihn beim Wort. Er ging in die Backstube und backte aus dem ganzen Teig lauter Eulen und Meerkatzen.
Am nächsten Morgen kam der Meister in die Backstube. Er fand keine Brote, Brötchen oder Weckmänner vor, sondern lauter Eulen und Meerkatzen. Der Bäcker wurde sehr wütend und schimpfte sehr: „Was soll ich denn mit diesem Mist anfangen? So etwas kann ich nicht gebrauchen, das kauft doch kein Mensch. Bezahl mir meinen Teig und verschwinde mit deinen Viechern!" Eulenspiegel bezahlte dem Bäcker seinen Teig, packte die gebackenen Tiere in einen Korb und zog davon. Da es der Abend vor Nikolaus war, stellt er sich mit seiner Ware vor die Kirche und verkaufte in kurzer Zeit alle Backwaren an die begeisterten Kunden. So verdiente er in kurzer Zeit viel Geld. Der Bäcker wurde wieder wütend, als er das hörte. Er wollte nun von Eulenspiegel auch noch die Kosten für das Heizen und Backen. Aber Eulenspiegel war längst verschwunden und der Bäcker hatte das Nachsehen.

Fragen zum Text:	**Mögliche Antworten:**	
Wo wohnte Eulenspiegel in Braunschweig?	Er wohnte bei einem Bäcker. (1)	Er wohne beim Pastor. (2)
Was sollte Eulenspiegel dort tun?	Er sollte den Boden putzen. (4)	Er sollte backen. (15)
Was frage Eulenspiegel den Bäcker?	Er frage, was er backen sollte. (19)	Er fragte, wie viel er backen sollte. (8)
Wie reagierte der Bäcker?	Er lachte laut. (10)	Er wurde sehr zornig. (29)
Was backte Eulenspiegel?	Er backte Eulen und Meerkatzen. (5)	Er backte Hunde und Katzen. (14)
Warum wollte der Bäcker die Tiere nicht haben?	Weil er die Tiere nicht mochte. (16)	Weil er meinte, sie nicht verkaufen zu können. (17)
Wofür musste Eulenspiegel beim Bäcker bezahlen?	Für den Teig. (9)	Für den Stromverbrauch. (20)
Was machte Eulenspiegel mit den Tieren?	Er verkaufte sie in kurzer Zeit. (22)	Er verschenkte sie an Bedürftige. (23)
Wofür sollte Eulenspiegel noch bezahlen?	Für den Ärger des Bäckers. (25)	Für die Heiz- und Backkosten. (27)
Bekam der Bäcker das Geld für die Heizkosten?	Ja, Eulenspiegel gab es ihm gerne. (28)	Nein, Eulenspiegel war schon verschwunden. (11)

So geht's:
- Den Text aufmerksam durchlesen.
- Hinter den Fragen zum Text gibt es immer 2 Antworten. Nur eine davon ist richtig.
- Die richtigen Antworten markieren.
- Die Zahlen hinter den richtigen Antworten geben an, welche Felder ausgemalt werden müssen.
- **Selbstkontrolle:** Lösungsfigur.

17 Eulenspiegel lehrte einen Esel das Lesen

(231 Wörter)

Einmal kam Eulenspiegel nach Erfurt. Überall erzählte er, dass er ein berühmter Lehrer sei, der jedem das Lesen beibringen könne. An der Universität überlegten die Professoren, wie sie Eulenspiegel auf die Probe stellen könnten. Schließlich fragten sie Eulenspiegel, ob er auch einem Esel das Lesen beibringen könne. Eulenspiegel sagte: „Selbstverständlich! Aber weil ich dazu 20 Jahre Zeit brauche, kostet das viel Geld.“ Die Professoren waren einverstanden und brachten ihm einen Esel und eine Menge Geld.
Eulenspiegel mietete einen Stall und besorgte sich Haferhalme. Dem Esel legte er ein großes Buch in die Futterkrippe. Zwischen den Blättern des Buches versteckte Eulenspiegel den Hafer. Der Esel hatte schnell begriffen, dass er mit dem Maul ein Blatt nach dem anderen umblättern musste, um an sein Futter zu kommen. Wenn er nichts mehr fand, rief er laut „I-A, I-A!“.
Als der Esel das konnte, ging Eulenspiegel wieder zu den Professoren. Er sagte: „Obwohl mein Schüler nur langsam lernt, können Sie sich seine Fortschritte beim Lesen ansehen.“ Als die Professoren in den Stall kamen, hatte der Esel noch kein Futter bekommen. Hungrig stürzte er sich auf das Buch und blätterte hin und her, fand aber keinen Hafer. Da schrie er laut „I-A, I-A!“ Eulenspiegel meinte: „Da hören Sie es! Die Buchstaben I und A kann er schon. Und den Rest wird er auch noch lernen.“ Dann verschwand Eulenspiegel mit seinem Geld schnell in eine andere Stadt.

Fragen zum Text:	**Mögliche Antworten:**	
In welcher Stadt war Eulenspiegel in dieser Geschichte?	In Erfurt. (19)	In Essen. (24)
Welchen Beruf hatte Eulenspiegel jetzt?	Bauer. (25)	Lehrer. (20)
Wer wollte Eulenspiegel auf die Probe stellen?	Der Pfarrer. (14)	Die Professoren. (10)
Wem sollte Eulenspiegel das Lesen beibringen?	Einem Esel. (4)	Den Professoren. (9)
Was verlangte Eulenspiegel für seine Arbeit?	100 Euro. (5)	Viel Zeit und Geld. (13)
Wo unterrichtete Eulenspiegel den Esel?	In einem Stall. (7)	In einer Schule. (3)
Was legte Eulenspiegel zwischen die Seiten des Buchs?	Haferhalme. (11)	Heu. (8)
Warum schrie der Esel laut?	Weil er kein Heu fand. (12)	Weil er keinen Hafer fand. (17)
Welche Buchstaben schrie der Esel?	I und A. (26)	E und O. (23)
Hat Eulenspiegel den Esel noch andere Buchstaben gelehrt?	Ja. (24)	Nein. (19)

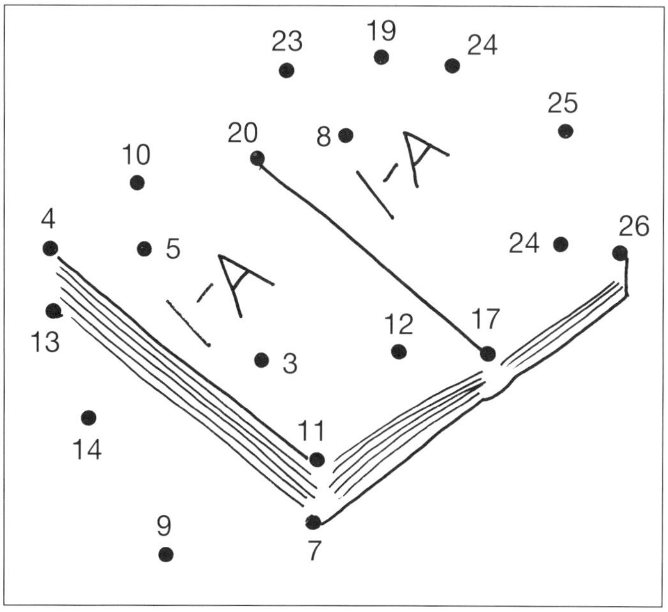

17	Eulenspiegel lehrte einen Esel das Lesen – Lösungen	(231 Wörter)

Einmal kam Eulenspiegel nach Erfurt. Überall erzählte er, dass er ein berühmter Lehrer sei, der jedem das Lesen beibringen könne. An der Universität überlegten die Professoren, wie sie Eulenspiegel auf die Probe stellen könnten. Schließlich fragten sie Eulenspiegel, ob er auch einem Esel das Lesen beibringen könne. Eulenspiegel sagte: „Selbstverständlich! Aber weil ich dazu 20 Jahre Zeit brauche, kostet das viel Geld." Die Professoren waren einverstanden und brachten ihm einen Esel und eine Menge Geld.
Eulenspiegel mietete einen Stall und besorgte sich Haferhalme. Dem Esel legte er ein großes Buch in die Futterkrippe. Zwischen den Blättern des Buches versteckte Eulenspiegel den Hafer. Der Esel hatte schnell begriffen, dass er mit dem Maul ein Blatt nach dem anderen umblättern musste, um an sein Futter zu kommen. Wenn er nichts mehr fand, rief er laut „I-A, I-A!".
Als der Esel das konnte, ging Eulenspiegel wieder zu den Professoren. Er sagte: „Obwohl mein Schüler nur langsam lernt, können Sie sich seine Fortschritte beim Lesen ansehen." Als die Professoren in den Stall kamen, hatte der Esel noch kein Futter bekommen. Hungrig stürzte er sich auf das Buch und blätterte hin und her, fand aber keinen Hafer. Da schrie er laut „I-A, I-A!" Eulenspiegel meinte: „Da hören Sie es! Die Buchstaben I und A kann er schon. Und den Rest wird er auch noch lernen." Dann verschwand Eulenspiegel mit seinem Geld schnell in eine andere Stadt.

Fragen zum Text:	**Mögliche Antworten:**	
In welcher Stadt war Eulenspiegel in dieser Geschichte?	In Erfurt. (19)	In Essen. (24)
Welchen Beruf hatte Eulenspiegel jetzt?	Bauer. (25)	Lehrer. (20)
Wer wollte Eulenspiegel auf die Probe stellen?	Der Pfarrer. (14)	Die Professoren. (10)
Wem sollte Eulenspiegel das Lesen beibringen?	Einem Esel. (4)	Den Professoren. (9)
Was verlangte Eulenspiegel für seine Arbeit?	100 Euro. (5)	Viel Zeit und Geld. (13)
Wo unterrichtete Eulenspiegel den Esel?	In einem Stall. (7)	In einer Schule. (3)
Was legte Eulenspiegel zwischen die Seiten des Buchs?	Haferhalme. (11)	Heu. (8)
Warum schrie der Esel laut?	Weil er kein Heu fand. (12)	Weil er keinen Hafer fand. (17)
Welche Buchstaben schrie der Esel?	I und A. (26)	E und O. (23)
Hat Eulenspiegel den Esel noch andere Buchstaben gelehrt?	Ja. (24)	Nein. (19)

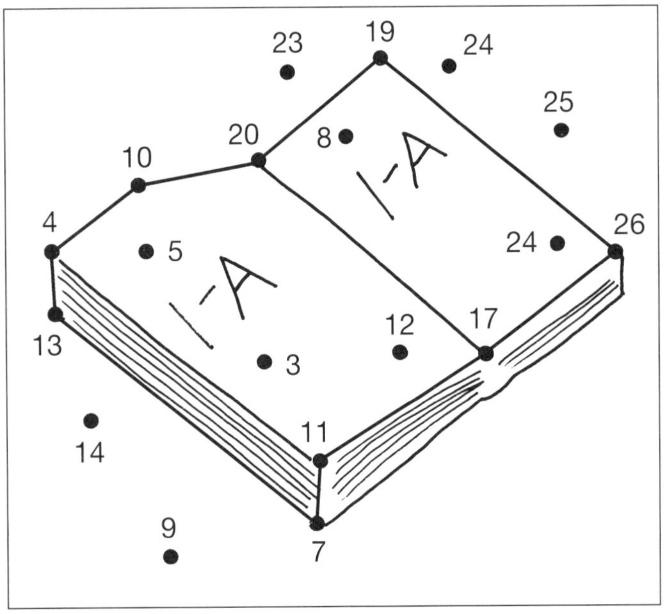

So geht's:

- Den Text aufmerksam durchlesen.
- Hinter den 10 Fragen zum Text gibt es immer 2 Antworten. Nur eine davon ist richtig.
- Die richtigen Antworten markieren.
- Die Zahlen hinter den richtigen Antworten zeigen, welche Punkte im Bild miteinander verbunden werden sollen (in der Reihenfolge der Antworten).
- **Selbstkontrolle:** Lösungsfigur.

18 Eulenspiegel beichtete auf dem Totenbett

(241 Wörter)

Einmal war Eulenspiegel sehr krank. Die Ärzte konnten ihm nicht mehr helfen. Es war zu erwarten, dass er bald sterben würde. Deshalb wurde ein Pfarrer herbeigerufen, um Eulenspiegel die Beichte abzunehmen. Der Pfarrer dachte, dass Eulenspiegel als abenteuerlicher Mensch wohl viel Geld zusammengebracht hätte. Von diesem Geld wollte er gerne etwas abhaben. Deshalb sprach er zu ihm: „Mein Sohn! Schön, dass du deine Sünden bereust. Wenn du etwas Geld hast, spende es doch für arme Priester und auch mir. Ich werde dann dafür sorgen, dass Gott mit dir zufrieden ist. Ich selber werde für dich Totengebete und Seelenmessen lesen." Eulenspiegel versprach dem Pfarrer für den Nachmittag ein Geldgeschenk.
Als der Pfarrer fort war, nahm Eulenspiegel eine Kanne. Er füllte sie randvoll mit Mist und legte eine dünne Schicht Geld darüber. Als der Pfarrer dann erschien, sagte Eulenspiegel zu ihm: „Wenn Sie bescheiden zugreifen und nicht gierig sind, dürfen Sie einen Griff in die Kanne machen. Aber greifen Sie nicht zu tief. Dann können Sie meiner gedenken." Der Pfarrer war hocherfreut und versprach, nur so wenig wie möglich herauszunehmen. Doch er war habgierig. Er griff mit der Hand tief in die Kanne hinein und merkte, dass es nass und weich unter dem Geld war. Schnell zog er die Hand wieder zurück, doch war sie schon bis zum Handgelenk mit Dreck besudelt. Erbost beschimpfte er Eulenspiegel als Betrüger: „Du bist ein Schalk, auserlesen aus allen Schalken!" Und er ging und ließ Eulenspiegel liegen.

Fragen zum Text:	**Mögliche Antworten:**	
Wie ernst war Eulenspiegels Krankheit?	Er hatte einen Schnupfen. (1)	Ihm war nicht mehr zu helfen. (2)
Weshalb wurde der Pfarrer gerufen?	Er sollte die Beichte abnehmen. (4)	Es sollte ihm etwas zu essen bringen. (5)
Welchen Wunsch hatte der Pfarrer?	Er wollte ein Autogramm. (7)	Er wollte etwas Geld erben. (14)
Was wollte der Pfarrer mit dem Geld angeblich machen?	Er wollte armen Priestern helfen. (22)	Er wollte eine Glocke kaufen. (11)
Was versprach Eulenspiegel dem Pfarrer?	Er versprach ihm ein neues Auto. (13)	Er versprach ihm ein Geldgeschenk. (8)
Womit füllte Eulenspiegel die Kanne?	Er füllte die Kanne mit Mist. (18)	Er füllte die Kanne mit Wein. (17)
Was kam in der Kanne oben auf den Mist?	Obendrauf legte er Rosenblätter. (21)	Eine Schicht Geld kam obendrauf. (19)
Was sagte Eulenspiegel dem Pfarrer zu der Kanne?	Er solle sie ausschütten. (24)	Er solle bescheiden zugreifen. (12)
Wie griff der Pfarrer in die Kanne?	Er griff gierig tief in die Kanne. (25)	Er nahm eine bescheidene Handvoll Geld. (26)
Was spürte der Pfarrer in der Kanne?	Er spürte Nässe und etwas Weiches. (30)	Er fühlte, dass die Kanne leer war. (29)

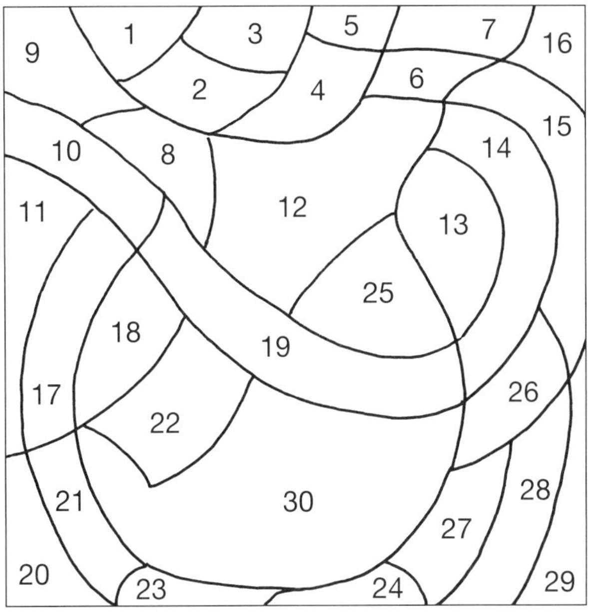

18 Eulenspiegel beichtete auf dem Totenbett – Lösungen

(241 Wörter)

Einmal war Eulenspiegel sehr krank. Die Ärzte konnten ihm nicht mehr helfen. Es war zu erwarten, dass er bald sterben würde. Deshalb wurde ein Pfarrer herbeigerufen, um Eulenspiegel die Beichte abzunehmen. Der Pfarrer dachte, dass Eulenspiegel als abenteuerlicher Mensch wohl viel Geld zusammengebracht hätte. Von diesem Geld wollte er gerne etwas abhaben. Deshalb sprach er zu ihm: „Mein Sohn! Schön, dass du deine Sünden bereust. Wenn du etwas Geld hast, spende es doch für arme Priester und auch mir. Ich werde dann dafür sorgen, dass Gott mit dir zufrieden ist. Ich selber werde für dich Totengebete und Seelenmessen lesen.“ Eulenspiegel versprach dem Pfarrer für den Nachmittag ein Geldgeschenk.
Als der Pfarrer fort war, nahm Eulenspiegel eine Kanne. Er füllte sie randvoll mit Mist und legte eine dünne Schicht Geld darüber. Als der Pfarrer dann erschien, sagte Eulenspiegel zu ihm: „Wenn Sie bescheiden zugreifen und nicht gierig sind, dürfen Sie einen Griff in die Kanne machen. Aber greifen Sie nicht zu tief. Dann können Sie meiner gedenken.“ Der Pfarrer war hocherfreut und versprach, nur so wenig wie möglich herauszunehmen. Doch er war habgierig. Er griff mit der Hand tief in die Kanne hinein und merkte, dass es nass und weich unter dem Geld war. Schnell zog er die Hand wieder zurück, doch war sie schon bis zum Handgelenk mit Dreck besudelt. Erbost beschimpfte er Eulenspiegel als Betrüger: „Du bist ein Schalk, auserlesen aus allen Schalken!“ Und er ging und ließ Eulenspiegel liegen.

Fragen zum Text:	**Mögliche Antworten:**	
Wie ernst war Eulenspiegels Krankheit?	Er hatte einen Schnupfen. (1)	Ihm war nicht mehr zu helfen. (2)
Weshalb wurde der Pfarrer gerufen?	Er sollte die Beichte abnehmen. (4)	Es sollte ihm etwas zu essen bringen. (5)
Welchen Wunsch hatte der Pfarrer?	Er wollte ein Autogramm. (7)	Er wollte etwas Geld erben. (14)
Was wollte der Pfarrer mit dem Geld angeblich machen?	Er wollte armen Priestern helfen. (22)	Er wollte eine Glocke kaufen. (11)
Was versprach Eulenspiegel dem Pfarrer?	Er versprach ihm ein neues Auto. (13)	Er versprach ihm ein Geldgeschenk. (8)
Womit füllte Eulenspiegel die Kanne?	Er füllte die Kanne mit Mist. (18)	Er füllte die Kanne mit Wein. (17)
Was kam in der Kanne oben auf den Mist?	Obendrauf legte er Rosenblätter. (21)	Eine Schicht Geld kam obendrauf. (19)
Was sagte Eulenspiegel dem Pfarrer zu der Kanne?	Er solle sie ausschütten. (24)	Er solle bescheiden zugreifen. (12)
Wie griff der Pfarrer in die Kanne?	Er griff gierig tief in die Kanne. (25)	Er nahm eine bescheidene Handvoll Geld. (26)
Was spürte der Pfarrer in der Kanne?	Er spürte Nässe und etwas Weiches. (30)	Er fühlte, dass die Kanne leer war. (29)

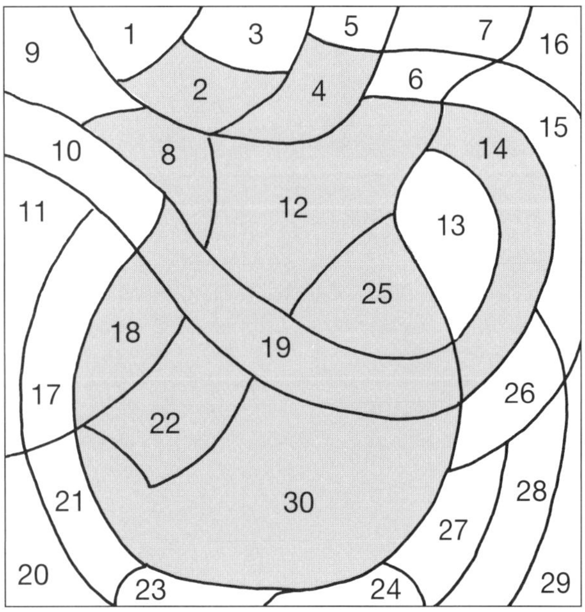

So geht's:
- Den Text aufmerksam durchlesen.
- Hinter den Fragen zum Text gibt es immer 2 Antworten. Nur eine davon ist richtig.
- Die richtigen Antworten markieren.
- Die Zahlen hinter den richtigen Antworten geben an, welche Felder ausgemalt werden müssen.
- **Selbstkontrolle:** Lösungsfigur.

Eulenspiegel malte Unsichtbares

(255 Wörter)

geistert und bat Wochen wollte der Eulenspiegel neu- von Eulenspiegel abscheulich böse er sich noch	spiegel zum Bild zu bemalen. spiegel sagte: „Ja. er aber nicht als und ihre Diener- sagte darauf zu aus dem Schloss.	Eulenspiegel, die Graf sehen, ob gierig in den Saal in den Saal führen. haltet. Ich habe schnell 100 Gold-	fen von Hessen und einverstanden und gemalt habe, kön- gelten wollte, zeig- schämten sich wie finde das Bild ge- Graf allmählich,	Werke, die er zu- lenspiegel in den brecher bleibt al- das Bild sehen Nur eine Dienerin da nicht!“ nicht mehr in das	seine eigenen schloss sich Eu- Diebe und Ver- te auch die Gräfin und sagten nichts. hen. Etwas stimmt gel durfte danach	Wand eines Saals das Bild schon und sah nur die Natürlich sahen kein Bild gese- stücke auszahlen
Einmal zog Eulen- mit einem großen fertig wäre. Eulen- weiße Wand. Weil auch die Gräfin hen.“ Die Gräfin und verschwand	zeigte er Bilder als der Arbeit. Dann böse Menschen, zufrieden. Da woll- schlecht gelten hat nichts gese- hatte. Eulenspie-	vor gekauft hatte. Saal ein, tat aber les unsichtbar.“ und ließ sich mit meinte: „Auch Als Eulenspiegel Land Hessen.	gab sich als Maler bekam viel Geld nen nur gute Men- te er sich mit Eu- der Graf. Sie woll- nauso gut wie du. dass ihn Eulen-	Der Graf war be- nichts. Nach vier Der Graf folgte ihren Dienerinnen wenn ihr mich für davon erfuhr, ließ	aus. Dem Grafen zur Vorbereitung schen sehen. Für lenspiegels „Bild“ ten nicht als Aber eine Dienerin spiegel betrogen	Schloss des Gra- Eulenspiegel war Aber was ich ge- schlechter Mensch innen nichts. Sie ihrem Mann: „Ich Da begriff der

Einmal zog Eulen- mit einem großen fertig wäre. Eulen- weiße Wand. Weil auch die Gräfin hen.“ Die Gräfin und verschwand	spiegel zum Bild zu bemalen. spiegel sagte: „Ja. er aber nicht als und ihre Diener- sagte darauf zu aus dem Schloss.	Schloss des Gra- Eulenspiegel war Aber was ich ge- schlechter Mensch innen nichts. Sie ihrem Mann: „Ich Da begriff der	fen von Hessen und einverstanden und gemalt habe, kön- gelten wollte, zeig- schämten sich wie finde das Bild ge- Graf allmählich,	gab sich als Maler bekam viel Geld nen nur gute Men- te er sich mit Eu- der Graf. Sie woll- nauso gut wie du. dass ihn Eulen-	aus. Dem Grafen zur Vorbereitung schen sehen. Für lenspiegels „Bild“ ten nicht als Aber eine Dienerin spiegel betrogen	zeigte er Bilder als der Arbeit. Dann böse Menschen, zufrieden. Da woll- schlecht gelten hat nichts gese- hatte. Eulenspie-
seine eigenen schloss sich Eu- Diebe und Ver- te auch die Gräfin und sagten nichts. hen. Etwas stimmt gel durfte danach	Werke, die er zu- lenspiegel in den brecher bleibt al- das Bild sehen Nur eine Dienerin da nicht!“ nicht mehr in das	vor gekauft hatte. Saal ein, tat aber les unsichtbar.“ und ließ sich mit meinte: „Auch Als Eulenspiegel Land Hessen.	Der Graf war be- nichts. Nach vier Der Graf folgte ihren Dienerinnen wenn ihr mich für davon erfuhr, ließ	geistert und bat Wochen wollte der Eulenspiegel neu- von Eulenspiegel abscheulich böse er sich noch	Eulenspiegel, die Graf sehen, ob gierig in den Saal in den Saal führen. haltet. Ich habe schnell 100 Gold-	Wand eines Saals das Bild schon und sah nur die Natürlich sahen kein Bild gese- stücke auszahlen

So geht's:
- Die Dominoteile ausschneiden.
- Alle Teile in eine lange Reihe legen, so dass eine Geschichte entsteht.
- Mit den 2 Dominoteilen „Einmal zog Eulen-“ und „spiegel zum“ beginnen.
- **Tipp:** Manchmal hilft es, auch die Wörter in den anderen Textreihen eines Dominoteils zu lesen.
- **Selbstkontrolle:** Eine sinnvolle Geschichte, Zeile für Zeile gelesen, und eine Bildfolge.

20 Eulenspiegel machte sein Testament, starb und wurde begraben

(302 Wörter)

Einmal wurde Eulenspiegel in Mölln krank und immer kränker. Schließlich wollte er sein Testament machen. Er versprach, seinen Besitz in 3 Teile zu teilen. Einen Teil sollten seine Freunde bekommen, einen Teil sollte der Rat in Mölln und einen Teil der Pfarrer von Mölln bekommen. Außerdem verlangte er, dass sein Leichnam mit vielen Totengebeten und nach einer Seelenmesse in geweihter Erde – also auf einem Friedhof – begraben werden sollte. Sein Besitz war in einer schönen, verschlossenen Kiste untergebracht und sollte nach 4 Wochen mit einem kostbaren Schlüssel aufgeschlossen werden. Die 3 Erben stimmten dem gerne zu. Bald danach starb Eulenspiegel.
Sein Sarg wurde im Flur auf eine Bahre gelegt. Jemand stieß dagegen und der Sarg fiel auf den Boden. Der Sarg wurde wieder zurückgelegt. Dabei kam der Leichnam mit dem Bauch nach unten zu liegen. Als der Pfarrer dies bemerkte, lachte er und sagte: „Er zeigt selber, dass er verkehrt liegen will, also wollen wir ihn auch so beerdigen!“
Als der Sarg ins Grab hinabgelassen wurde, passierte noch ein Missgeschick: Das Seil riss am Fußende. Der Sarg stürzte ins Grab und Eulenspiegel kam auf die Füße zu stehen. Die Anwesenden meinten: „Lasst ihn so stehen; wunderlich ist er gewesen in seinem Leben, wunderlich will er auch in seinem Tod sein.“
Also begruben sie ihn stehend.
Nach 4 Wochen wurde die Kiste geöffnet, doch es fanden sich darin nur Steine und nichts anderes. Alle waren verblüfft und sehr zornig, da sie einen Schatz darin vermutet hatten. Sie verdächtigten sich gegenseitig des Diebstahls und gingen in Unfrieden auseinander. Doch dann setzten sie zum Gedenken an Eulenspiegel einen Stein auf das Grab. Auf die eine Hälfte ließen sie eine Eule mit einem Spiegel in den Klauen gravieren. Auf die andere Hälfte schrieben sie: „Diesen Stein soll niemand wegnehmen. Hier ist Eulenspiegel begraben, gestorben im Jahre 1350.“*

*Originaltext: „Disen Stein sol nieman erhaben. Hie stat Ulenspiegel begraben. Anno domini MCCCL jar.“

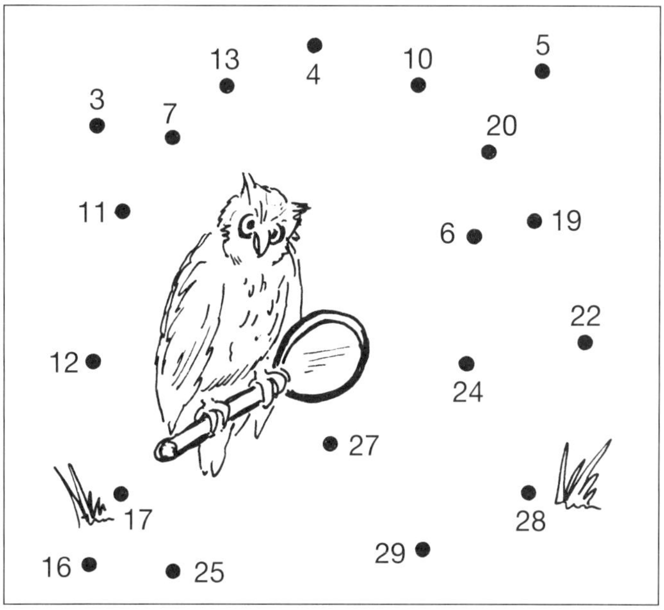

Fragen zum Text:	Mögliche Antworten:	
In welchem Ort wurde Eulenspiegel so krank?	In Köln. (3)	In Mölln. (19)
In wie viele Teile wollte Eulenspiegel seinen Besitz teilen?	In 3 Teile. (28)	In 2 Teile. (29)
Was wünschte sich Eulenspiegel nach seinem Tod?	Eine große Party. (12)	Eine Beerdigung auf dem Friedhof. (17)
In welchem Jahr starb Eulenspiegel?	Im Jahre 1350. (11)	Im Jahre 1530. (27)
Wo war sein Besitz untergebracht?	In einem großen Schrank. (24)	In einer großen Kiste. (7)
Was geschah mit dem Sarg im Flur?	Der Sarg wurde vergessen. (5)	Der Sarg fiel auf den Boden. (13)
Was geschah mit dem Sarg bei der Beerdigung?	Der Sarg stürzte in das Grab. (4)	Der Sarg war plötzlich verschwunden. (6)
Was war in der Holzkiste?	Lauter Steine. (10)	Viele Münzen. (25)
Wie reagierten die Erben?	Sie waren zornig. (20)	Sie lachten nur. (22)
Was wurde aufs Grab gesetzt?	Ein Kreuz. (16)	Ein Gedenkstein. (19)

20 Eulenspiegel machte sein Testament, starb und wurde begraben – Lösungen

(302 Wörter)

Fragen zum Text:	Mögliche Antworten:	
In welchem Ort wurde Eulenspiegel so krank?	In Köln. (3)	In Mölln. (19)
In wie viele Teile wollte Eulenspiegel seinen Besitz teilen?	In 3 Teile. (28)	In 2 Teile. (29)
Was wünschte sich Eulenspiegel nach seinem Tod?	Eine große Party. (12)	Eine Beerdigung auf dem Friedhof. (17)
In welchem Jahr starb Eulenspiegel?	Im Jahre 1350. (11)	Im Jahre 1530. (27)
Wo war sein Besitz untergebracht?	In einem großen Schrank. (24)	In einer großen Kiste. (7)
Was geschah mit dem Sarg im Flur?	Der Sarg wurde vergessen. (5)	Der Sarg fiel auf den Boden. (13)
Was geschah mit dem Sarg bei der Beerdigung?	Der Sarg stürzte in das Grab. (4)	Der Sarg war plötzlich verschwunden. (6)
Was war in der Holzkiste?	Lauter Steine. (10)	Viele Münzen. (25)
Wie reagierten die Erben?	Sie waren zornig. (20)	Sie lachten nur. (22)
Was wurde aufs Grab gesetzt?	Ein Kreuz. (16)	Ein Gedenkstein. (19)

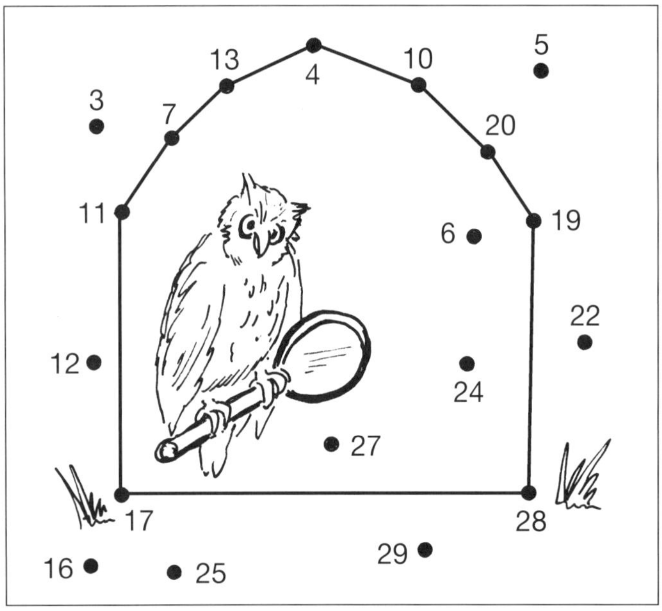

So geht's:

- Den Text aufmerksam durchlesen.
- Hinter den 10 Fragen zum Text gibt es immer 2 Antworten. Nur eine davon ist richtig.
- Die richtigen Antworten markieren.
- Die Zahlen hinter den richtigen Antworten zeigen, welche Punkte im Bild miteinander verbunden werden sollen (in der Reihenfolge der Antworten).
- **Selbstkontrolle:** Lösungsfigur.

21 Münchhausen besaß eine Wunderweste

(99 Wörter)

der hat kurz da- hin, wo Wild zu	Einst bekam ich meinen neuen um schießen zu	rauf ein unge- finden ist. Bin ich	rühmten Tier ab, nun bei der Jagd zielen und treffen.	nen Jagdhund ge- Andenken aus Weste ab und	von jenem be- machen, die ich immer genau	schickter Jäger dann nahe genug,
von einem Freund Hund erschossen. können, springt	das beim Hasen- immer anhabe.	Hund stammte res eine Weste zu. So kann ich	jagen Junge ge- Die Weste bringt	in Petersburg ei- Ich ließ mir zum ein Knopf von der	worfen hatte. Lei- mich immer dort-	schenkt. Dieser dem Fell des Tie- fliegt auf das Wild

Einst bekam ich meinen neuen um schießen zu	von einem Freund Hund erschossen. können, springt	in Petersburg ei- Ich ließ mir zum ein Knopf von der	nen Jagdhund ge- Andenken aus Weste ab und	schenkt. Dieser dem Fell des Tie- fliegt auf das Wild	Hund stammte res eine Weste zu. So kann ich	von jenem be- machen, die ich immer genau
rühmten Tier ab, nun bei der Jagd zielen und treffen.	das beim Hasen- immer anhabe.	jagen Junge ge- Die Weste bringt	worfen hatte. Lei- mich immer dort-	der hat kurz da- hin, wo Wild zu	rauf ein unge- finden ist. Bin ich	schickter Jäger dann nahe genug,

So geht's:
- Die Dominoteile ausschneiden.
- Alle Teile in eine lange Reihe legen, so dass eine Geschichte entsteht.
- Mit den 2 Dominoteilen „Einst bekam ich" und „von einem Freund" beginnen.
- **Tipp:** Manchmal hilft es, auch die Wörter in den anderen Textreihen eines Dominoteils zu lesen.
- **Selbstkontrolle:** Eine sinnvolle Geschichte, Zeile für Zeile gelesen, und eine Bildfolge.

22 Münchhausen jagte einen Hasen mit 8 Beinen

(141 Wörter)

Schuss zu kom- weg. Ich glaubte einmal nahe	leider nie, zum noch zu weit endlich kam ich	mit verstärkter vollkommenen legen können.	2 Tage lang lich schneller mer wieder
ich mir den Hasen Hase hatte näm- nen noch 4	war der Hase Hexerei. Doch Mein erster	hinter einem und kluger stellen, doch	Schuss traf staunte ich nicht zu seinen nor-
men. Immer schon fast an genug heran.	Unglaublich, warum ich den er sich müde	nem Rücken. sofort auch klar, Jedes Mal, wenn	Rücken und weiterlaufen. den Hasen ganz
näher ansah, lich zusätzlich Beine auf sei-	Damit war natürlich erlegen konnte. warf er sich	konnte aufs Neue Ohne meinen sicher nicht er-	einfach auf den Geschwindigkeit Hund hätte ich
Hasen her. Hund konnte gelang es mir	aber doch wahr. Hasen so schwer gelaufen hatte,	Einst jagte ich Mein unglaub- ihn zwar im-	bereits voll. Als schlecht: Dieser malen 4 Bei-

Münchhausen jagte einen Hasen mit 8 Beinen – Lösungen

(141 Wörter)

Einst jagte ich Mein unglaub- ihn zwar im-	2 Tage lang lich schneller mer wieder	hinter einem und kluger stellen, doch	Hasen her. Hund konnte gelang es mir
leider nie, zum noch zu weit endlich kam ich	Schuss zu kom- weg. Ich glaubte einmal nahe	men. Immer schon fast an genug heran.	war der Hase Hexerei. Doch Mein erster
Schuss traf staunte ich nicht zu seinen nor-	bereits voll. Als schlecht: Dieser malen 4 Bei-	ich mir den Hasen Hase hatte näm- nen noch 4	näher ansah, lich zusätzlich Beine auf sei-
nem Rücken. sofort auch klar, Jedes Mal, wenn	Unglaublich, warum ich den er sich müde	aber doch wahr. Hasen so schwer gelaufen hatte,	Damit war natürlich erlegen konnte. warf er sich
einfach auf den Geschwindigkeit Hund hätte ich	Rücken und weiterlaufen. den Hasen ganz	konnte aufs Neue Ohne meinen sicher nicht er-	mit verstärkter vollkommenen legen können.

So geht's:

- Alle Puzzleteile ausschneiden.
- Immer 4 Puzzleteile neu nebeneinander legen, so dass eine richtige Geschichte entsteht.
- Mit den 2 Puzzleteilen „Einst jagte ich“ und „2 Tage lang“ beginnen. Das ist der Anfang der Geschichte.
- Den Text lesen und überlegen, welche Puzzleteile folgen müssen. Achtung: Jedes Puzzleteil enthält immer 3 Textzeilen, der Text wird aber Zeile für Zeile gelesen.
- Die nächsten 4 Puzzleteile suchen und darunter legen usw.
- **Tipp:** Manchmal hilft es, auch die Wörter in der 2. und 3. Textreihe zu lesen.
- **Selbstkontrolle:** Eine sinnvolle Geschichte und ein Bild im Hintergrund.

23 Münchhausen zielte mit einer Kanone auf eine Kanone

(147 Wörter)

Einst besuchte ich einen befreundeten General in Gibraltar, der diese Festung gerade gegen Feinde verteidigen musste.
Als ich in der Festung angekommen war, baute ich mein Fernrohr auf und beobachtete die Feinde. Da sah ich, wie diese gerade mit einer großen Kanone auf uns zielten. Sofort ließ ich mir eine noch größerer Kanone bringen und zielte damit auf die feindliche Kanone. Und genau in dem Augenblick, in dem die Feinde ihre Kanone abschossen, tat ich das mit unserer auch. Das Ergebnis war so gewaltig, wie ich es erwartet hatte: Genau in der Mitte zwischen uns und den Feinden trafen beide Kanonenkugeln aufeinander. Die feindliche Kugel prallte zurück, tötete 17 Feinde und durchschlug die Masten von drei Schiffen. Dann flog sie noch 200 Kilometer über Land und blieb einer Bäuerin im Hals stecken. Unsere Kugel zerstörte die Kanone des Feindes und versenkte eines seiner Schiffe mit allen Soldaten.

Fragen zum Text:	**Mögliche Antworten:**	
Wen besuchte Münchhausen in Gibraltar?	Seinen Großonkel. (26)	Einen General. (18)
Was war mit der Festung los?	Sie musste verteidigt werden. (14)	Sie sollte abgerissen werden. (20)
Was tat Münchhausen in der Festung als Erstes?	Er ruhte sich aus. (19)	Er baute sein Fernrohr auf. (22)
Was machten die Feinde?	Sie zielten auf Münchhausen. (8)	Sie liefen vor Münchhausen davon. (25)
Wer hatte die größere Kanone?	Die Feinde. (9)	Münchhausen. (12)
Wer schoss zuerst?	Münchhausen. (15)	Beide gleichzeitig. (21)
Was geschah mit den Kanonenkugeln?	Sie flogen aneinander vorbei. (1)	Sie stießen zusammen. (23)
Wie viele Schiffe wurden durch die feindliche Kugel beschädigt?	Drei Schiffe. (4)	Ein Schiff. (6)
Wo blieb die feindliche Kugel schließlich stecken?	Im Hals einer Bäuerin. (3)	Im Boden. (11)
Wie viele Schiffe versenkte Münchhausens Kugel?	Drei Schiffe. (17)	Ein Schiff. (5)

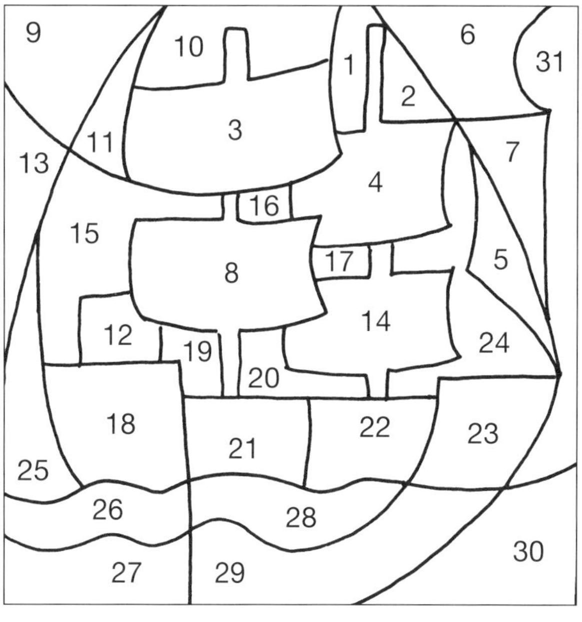

23 Münchhausen zielte mit einer Kanone auf eine Kanone – Lösungen

(147 Wörter)

Einst besuchte ich einen befreundeten General in Gibraltar, der diese Festung gerade gegen Feinde verteidigen musste.
Als ich in der Festung angekommen war, baute ich mein Fernrohr auf und beobachtete die Feinde. Da sah ich, wie diese gerade mit einer großen Kanone auf uns zielten. Sofort ließ ich mir eine noch größerer Kanone bringen und zielte damit auf die feindliche Kanone. Und genau in dem Augenblick, in dem die Feinde ihre Kanone abschossen, tat ich das mit unserer auch. Das Ergebnis war so gewaltig, wie ich es erwartet hatte: Genau in der Mitte zwischen uns und den Feinden trafen beide Kanonenkugeln aufeinander. Die feindliche Kugel prallte zurück, tötete 17 Feinde und durchschlug die Masten von drei Schiffen. Dann flog sie noch 200 Kilometer über Land und blieb einer Bäuerin im Hals stecken. Unsere Kugel zerstörte die Kanone des Feindes und versenkte eines seiner Schiffe mit allen Soldaten.

Fragen zum Text:	**Mögliche Antworten:**	
Wen besuchte Münchhausen in Gibraltar?	Seinen Großonkel. (26)	Einen General. (18)
Was war mit der Festung los?	Sie musste verteidigt werden. (14)	Sie sollte abgerissen werden. (20)
Was tat Münchhausen in der Festung als Erstes?	Er ruhte sich aus. (19)	Er baute sein Fernrohr auf. (22)
Was machten die Feinde?	Sie zielten auf Münchhausen. (8)	Sie liefen vor Münchhausen davon. (25)
Wer hatte die größere Kanone?	Die Feinde. (9)	Münchhausen. (12)
Wer schoss zuerst?	Münchhausen. (15)	Beide gleichzeitig. (21)
Was geschah mit den Kanonenkugeln?	Sie flogen aneinander vorbei. (1)	Sie stießen zusammen. (23)
Wie viele Schiffe wurden durch die feindliche Kugel beschädigt?	Drei Schiffe. (4)	Ein Schiff. (6)
Wo blieb die feindliche Kugel schließlich stecken?	Im Hals einer Bäuerin. (3)	Im Boden. (11)
Wie viele Schiffe versenkte Münchhausens Kugel?	Drei Schiffe. (17)	Ein Schiff. (5)

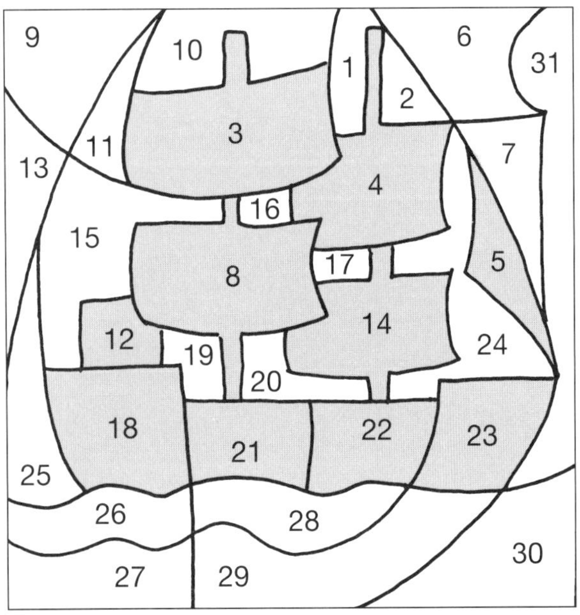

So geht's:

- Den Text aufmerksam durchlesen.
- Hinter den Fragen zum Text gibt es immer 2 Antworten. Nur eine davon ist richtig.
- Die richtigen Antworten markieren.
- Die Zahlen hinter den richtigen Antworten geben an, welche Felder ausgemalt werden müssen.
- **Selbstkontrolle:** Lösungsfigur.

24 Münchhausen zerstörte alle Kanonen des Feindes

(156 Wörter)

Einst war ich wieder in der Festung Gibraltar bei meinem Freund, dem General. Ich überlegte, wie ich ihm gegen seine Feinde helfen könnte, die ihn schon lange eingeschlossen hatten. Eines Nachts verkleidete ich mich als Priester und schlich in das feindliche Lager. Ich wurde nicht bemerkt und konnte belauschen, was sie gegen uns planten. Als alle schliefen, packte ich ihre 300 Kanonen und fuhr sie auf den Holzgestellen ans Meer. Die Kanonen warf ich weit hinaus ins Wasser. Die Holzgestelle trug ich zurück ins Lager, immer 2 unter einem Arm. In der Mitte des feindlichen Lagers schichtete ich sie zu einem großen Haufen auf, stellte noch den Verpflegungswagen oben drauf und zündete alles an. Als alles in Flammen stand, machte ich Lärm und weckte so die Soldaten. Vor Schreck liefen alle Feinde davon. Sie liefen 14 Tage ohne Pause bis Paris und konnten danach noch 3 Monate lang nichts essen.
So wurde Gibraltar durch mich gerettet.

Fragen zum Text:	**Mögliche Antworten:**	
An welchem Ort war Münchhausen?	In Griechenland. (21)	In Gibraltar. (11)
Was wollte Münchhausen bei seinem Freund, dem General?	Er wollte ihn heilen. (6)	Er wollte ihm helfen. (7)
Warum haben die Feinde Münchhausen nicht erkannt?	Er war als Priester verkleidet. (13)	Er war unsichtbar. (3)
Wie viele Kanonen erbeutete Münchhausen?	Dreihundert. (4)	Dreißig. (9)
Was machte Münchhausen mit den Kanonen?	Er verbrannte sie. (5)	Er warf sie ins Meer. (10)
Wie beseitigte Münchhausen die Holzgestelle der Kanonen?	Er verbrannte sie. (20)	Er warf sie ins Meer. (15)
Was machte Münchhausen mit dem Verpflegungswagen?	Er verbrannte ihn. (19)	Er versenkte ihn im Meer. (14)
Warum war Gibraltar gerettet?	Weil Münchhausen die Feinde erschlagen hatte. (18)	Weil die Feinde wegliefen. (26)
Wie lange rannten die Feinde?	14 Tage. (17)	3 Monate. (22)
Wohin liefen die Feinde?	Nach Polen. (21)	Nach Paris. (11)

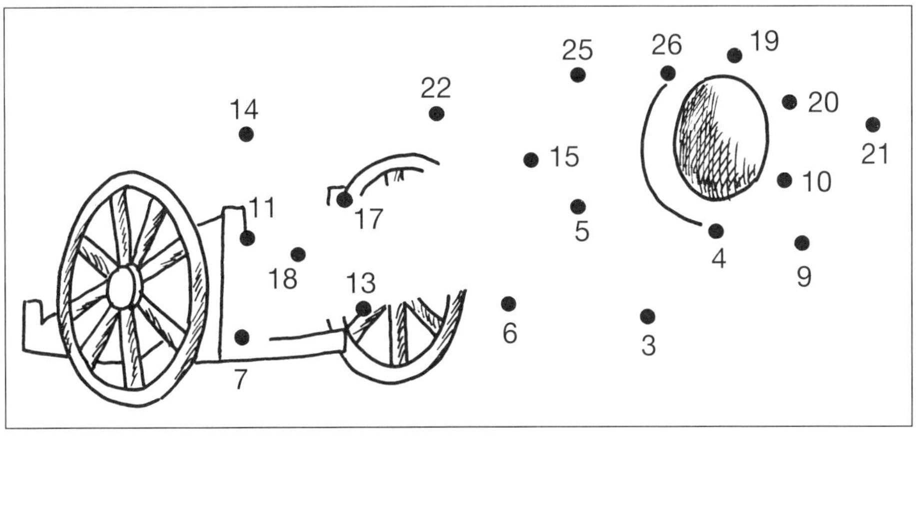

24 Münchhausen zerstörte alle Kanonen des Feindes – Lösungen

(156 Wörter)

Einst war ich wieder in der Festung Gibraltar bei meinem Freund, dem General. Ich überlegte, wie ich ihm gegen seine Feinde helfen könnte, die ihn schon lange eingeschlossen hatten. Eines Nachts verkleidete ich mich als Priester und schlich in das feindliche Lager. Ich wurde nicht bemerkt und konnte belauschen, was sie gegen uns planten. Als alle schliefen, packte ich ihre 300 Kanonen und fuhr sie auf den Holzgestellen ans Meer. Die Kanonen warf ich weit hinaus ins Wasser. Die Holzgestelle trug ich zurück ins Lager, immer 2 unter einem Arm. In der Mitte des feindlichen Lagers schichtete ich sie zu einem großen Haufen auf, stellte noch den Verpflegungswagen oben drauf und zündete alles an. Als alles in Flammen stand, machte ich Lärm und weckte so die Soldaten. Vor Schreck liefen alle Feinde davon. Sie liefen 14 Tage ohne Pause bis Paris und konnten danach noch 3 Monate lang nichts essen.
So wurde Gibraltar durch mich gerettet.

Fragen zum Text:	**Mögliche Antworten:**	
An welchem Ort war Münchhausen?	In Griechenland. (21)	In Gibraltar. (11)
Was wollte Münchhausen bei seinem Freund, dem General?	Er wollte ihn heilen. (6)	Er wollte ihm helfen. (7)
Warum haben die Feinde Münchhausen nicht erkannt?	Er war als Priester verkleidet. (13)	Er war unsichtbar. (3)
Wie viele Kanonen erbeutete Münchhausen?	Dreihundert. (4)	Dreißig. (9)
Was machte Münchhausen mit den Kanonen?	Er verbrannte sie. (5)	Er warf sie ins Meer. (10)
Wie beseitigte Münchhausen die Holzgestelle der Kanonen?	Er verbrannte sie. (20)	Er warf sie ins Meer. (15)
Was machte Münchhausen mit dem Verpflegungswagen?	Er verbrannte ihn. (19)	Er versenkte ihn im Meer. (14)
Warum war Gibraltar gerettet?	Weil Münchhausen die Feinde erschlagen hatte. (18)	Weil die Feinde wegliefen. (26)
Wie lange rannten die Feinde?	14 Tage. (17)	3 Monate. (22)
Wohin liefen die Feinde?	Nach Polen. (21)	Nach Paris. (11)

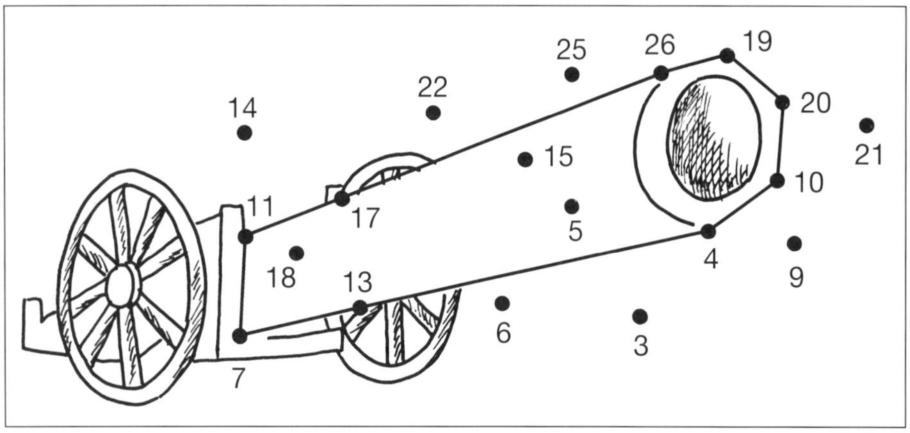

So geht's:

- Den Text aufmerksam durchlesen.
- Hinter den 10 Fragen zum Text gibt es immer 2 Antworten. Nur eine davon ist richtig.
- Die richtigen Antworten markieren.
- Die Zahlen hinter den richtigen Antworten zeigen, welche Punkte im Bild miteinander verbunden werden sollen (in der Reihenfolge der Antworten).
- **Selbstkontrolle:** Lösungsfigur.

25 Münchhausen erlegte einen Hirsch mit einem Kirschbaum auf dem Kopf

(160 Wörter)

Welt vor mir. Er und traf den staatlicher Hirsch geladen. Ich	Jagd unterwegs. gerade bei mir Staube. 2 Jahre ter hoch. Sofort hing voller reifer	mal wieder zur schen, welche ich jedoch aus dem Baum war 3 Me- Denn der Baum	Schnell aß ich täubte ihn. Er tau- schen seinem Ge- Braten und ein	nition verschos- lud ich mein Ge- wieder in dem an den Kirsch-	Als ich meine Mu- trug. Anschließend später war ich erinnerte ich mich Früchte.	als ob er wüsste, die Stirn zwischen voll ausgewachse- traf. So erhielt ich
Einst war ich ein- eine Handvoll Kir- melte, machte sich weih trug. Der Kirschkompott.	lichste Hirsch der kernen. Ich schoss lich stand ein wehr noch normal	starrte mich an, Hirsch mitten in vor mir, der einen zielte, schoss und	tronen mehr hatte. Der Schuss be- auf dem Kopf zwi- zugleich einen	sen hatte, stand wehr mit Pulver gleichen Wald auf kernschuss. Dies-	plötzlich der statt- und den Kirsch- der Jagd. Plötz- mal war mein Ge-	dass ich keine Pa- seinem Geweih. nen Kirschbaum mit einem Schuss

Münchhausen erlegte einen Hirsch mit einem Kirschbaum auf dem Kopf – Lösungen

(160 Wörter)

Einst war ich ein- eine Handvoll Kir- melte, machte sich weih trug. Der Kirschkompott.	mal wieder zur schen, welche ich jedoch aus dem Baum war 3 Me- Denn der Baum	Jagd unterwegs. gerade bei mir Staube. 2 Jahre ter hoch. Sofort hing voller reifer	Als ich meine Mu- trug. Anschließend später war ich erinnerte ich mich Früchte.	nition verschos- lud ich mein Ge- wieder in dem an den Kirsch-	sen hatte, stand wehr mit Pulver gleichen Wald auf kernschuss. Dies-	plötzlich der statt- und den Kirsch- der Jagd. Plötz- mal war mein Ge-
lichste Hirsch der kernen. Ich schoss lich stand ein wehr noch normal	Welt vor mir. Er und traf den staatlicher Hirsch geladen. Ich	starrte mich an, Hirsch mitten in vor mir, der einen zielte, schoss und	als ob er wüsste, die Stirn zwischen voll ausgewachse- traf. So erhielt ich	dass ich keine Pa- seinem Geweih. nen Kirschbaum mit einem Schuss	tronen mehr hatte. Der Schuss be- auf dem Kopf zwi- zugleich einen	Schnell aß ich täubte ihn. Er tau- schen seinem Ge- Braten und ein

So geht's:
- Die Dominoteile ausschneiden.
- Alle Teile in eine lange Reihe legen, so dass eine Geschichte entsteht.
- Mit den 2 Dominoteilen „Einst war ich ein-“ und „mal wieder zur “ beginnen.
- **Tipp:** Manchmal hilft es, auch die Wörter in den anderen Textreihen eines Dominoteils zu lesen.
- **Selbstkontrolle:** Eine sinnvolle Geschichte, Zeile für Zeile gelesen, und eine Bildfolge.

26 Münchhausen machte einen Ausflug auf den Mond

(163 Wörter)

Einst geriet ich bei den Türken in Gefangenschaft.	M
Der Mars kreist als großer Himmelskörper um die Sonne.	J
Dort musste ich die Bienen des Sultans hüten.	E
Auf dem Mars gibt es keine Lebewesen und keine Luft.	U
Eines Tages wurde eine Biene von 2 Bären angefallen.	R
Die Marsmännchen sind nur eine fantasievolle Erfindung.	P
Ich warf meine silberne Axt nach den beiden Räubern.	K
Raumschiffe versuchten schon eine Erforschung des Mars.	I
Die Biene wurde frei, aber die Axt flog bis zum Mond.	U
Die Entfernung von der Erde zum Mars ist riesengroß.	T
Ich pflanzte eine schnell wachsende türkische Bohne.	R
Der Planet Mars ist fast so groß wie unsere Erde.	E
Ich kletterte daran empor bis zum Mond und fand die Axt.	N
Ein anderer Nachbarplanet der Erde ist die Venus.	R
Die Bohne war inzwischen vertrocknet, aber dort lag Stroh.	E
Ich knüpfte daraus eine lange Schnur und kletterte hinab.	P
Mit der Axt schnitt ich immer das Stück über mir ab.	T
Dieses knüpfte ich unten wieder an.	U
So kam ich zur Erde.	N

Lösungswörter: | M | | | | | | und | | | | | | |

26 Münchhausen machte einen Ausflug auf den Mond – Lösungen

(163 Wörter)

Münchhausen-Geschichte:

Einst geriet ich bei den Türken in Gefangenschaft.	M
Dort musste ich die Bienen des Sultans hüten.	E
Eines Tages wurde eine Biene von 2 Bären angefallen.	R
Ich warf meine silberne Axt nach den beiden Räubern.	K
Die Biene wurde frei, aber die Axt flog bis zum Mond.	U
Ich pflanzte eine schnell wachsende türkische Bohne.	R
Ich kletterte daran empor bis zum Mond und fand die Axt.	N
Die Bohne war inzwischen vertrocknet, aber dort lag Stroh.	E
Ich knüpfte daraus eine lange Schnur und kletterte hinab.	P
Mit der Axt schnitt ich immer das Stück über mir ab.	T
Dieses knüpfte ich unten wieder an.	U
So kam ich zur Erde.	N

Text über Planeten:

Der Mars kreist als großer Himmelskörper um die Sonne.	J
Auf dem Mars gibt es keine Lebewesen und keine Luft.	U
Die Marsmännchen sind nur eine fantasievolle Erfindung.	P
Raumschiffe versuchten schon eine Erforschung des Mars.	I
Die Entfernung von der Erde zum Mars ist riesengroß.	T
Der Planet Mars ist fast so groß wie unsere Erde.	E
Ein anderer Nachbarplanet der Erde ist die Venus.	R

Lösungswörter: M E R K U R und N E P T U N

So geht's:

- Die Sätze zweier Geschichten sind durcheinander geraten. Einer der beiden Texte ist eine Münchhausen-Geschichte, der andere erzählt etwas von Planeten.
- Die Reihenfolge der Sätze innerhalb der beiden Geschichten ist von oben nach unten gelesen richtig.
- Hinter jedem Satz steht ein einzelner Buchstabe.
- Nur die Buchstaben, die zur Münchhausen-Geschichte gehören, bei „Lösungswörter“ notieren.
- **Selbstkontrolle:** Lösungswörter und Bilder im Hintergrund.
- **Tipp:** Die 19 Streifen ausschneiden und die beiden Geschichten richtig geordnet auf dickeres Papier oder Karton aufkleben.

27 Münchhausens Vater ritt über den Meeresboden

(164 Wörter)

Einst hat mir mein Vater genau erzählt, wie er auf einem Seepferd durch das Meer geritten ist. Das Seepferd lief mit großer Geschwindigkeit über den Meeresboden. Dennoch konnte mein Vater einige interessante Dinge beobachten. So sah er Fische, die den Kopf in der Mitte oder an der Spitze des Schwanzes hatten. Auch erkannte er durchsichtige Häuser, die die Fische gebaut hatten. Darin waren Zimmer für Babyfische, Fischkindergärten und Fischschulen. Aufregend fand mein Vater auch die hohen Gebirge auf dem Meeresboden, die mit merkwürdigen Bäumen bedeckt waren. Auf diesen wuchsen nicht Äpfel oder Birnen, sondern Schnecken, Muscheln und Krebse. An einer Stelle hatte ein untergegangenes Schiff einen Krebsbaum auf einen Muschelbaum gedrückt. An beiden Bäumen wuchsen nun Tiere, die je zur Hälfte aus einer Muschel und einem Krebs bestanden. Mein Vater wollte einige davon mitbringen. Aber nach 3 Stunden auf dem Meeresboden ging ihm langsam die Luft aus. Und weil er auch von riesigen Fischen verfolgt wurde, ritt er auf seinem Seepferd schnell an Land.

Fragen zum Text:	**Mögliche Antworten:**	
Wer hat diese Geschichte erlebt?	Münchhausens Vater. (17)	Münchhausen. (12)
Auf welchem Tier wurde geritten?	Auf einem Seepferd. (26)	Auf einer Seekuh. (16)
Was hatten einige Fische an der Schwanzspitze?	Eine Flosse. (18)	Den Kopf. (19)
Was war in den Häusern der Fische?	Fischkindergärten. (20)	Fischfabriken. (2)
Wie war der Meeresboden?	Eben. (15)	Gebirgig. (10)
Was wuchs auf den Bäumen am Meeresgrund?	Äpfel. (5)	Schnecken. (4)
Wie waren Muschel- und Krebsbaum zusammen gekommen?	Durch den Druck eines versunkenen Schiffes. (13)	Durch eine Sturmflut. (3)
Was wuchs auf den zusammengedrückten Bäumen?	Apfelbirnen. (2)	Muschelkrebse. (7)
Wie lange war Münchhausens Vater auf dem Meeresboden?	Drei Stunden. (11)	Drei Tage. (6)
Warum ritt Münchhausens Vater zum Schluss schnell an Land?	Weil große Fische ihn verfolgten. (17)	Weil er schnell zu Münchhausen wollte. (14)

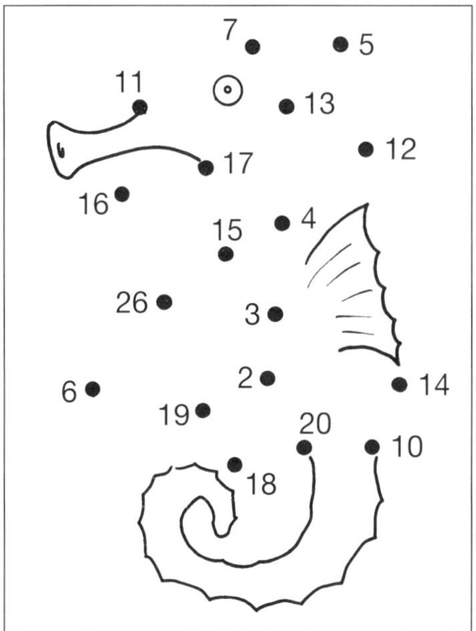

27 Münchhausens Vater ritt über den Meeresboden – Lösungen

(164 Wörter)

Einst hat mir mein Vater genau erzählt, wie er auf einem Seepferd durch das Meer geritten ist. Das Seepferd lief mit großer Geschwindigkeit über den Meeresboden. Dennoch konnte mein Vater einige interessante Dinge beobachten. So sah er Fische, die den Kopf in der Mitte oder an der Spitze des Schwanzes hatten. Auch erkannte er durchsichtige Häuser, die die Fische gebaut hatten. Darin waren Zimmer für Babyfische, Fischkindergärten und Fischschulen. Aufregend fand mein Vater auch die hohen Gebirge auf dem Meeresboden, die mit merkwürdigen Bäumen bedeckt waren. Auf diesen wuchsen nicht Äpfel oder Birnen, sondern Schnecken, Muscheln und Krebse. An einer Stelle hatte ein untergegangenes Schiff einen Krebsbaum auf einen Muschelbaum gedrückt. An beiden Bäumen wuchsen nun Tiere, die je zur Hälfte aus einer Muschel und einem Krebs bestanden. Mein Vater wollte einige davon mitbringen. Aber nach 3 Stunden auf dem Meeresboden ging ihm langsam die Luft aus. Und weil er auch von riesigen Fischen verfolgt wurde, ritt er auf seinem Seepferd schnell an Land.

Fragen zum Text:	**Mögliche Antworten:**	
Wer hat diese Geschichte erlebt?	Münchhausens Vater. (17)	Münchhausen. (12)
Auf welchem Tier wurde geritten?	Auf einem Seepferd. (26)	Auf einer Seekuh. (16)
Was hatten einige Fische an der Schwanzspitze?	Eine Flosse. (18)	Den Kopf. (19)
Was war in den Häusern der Fische?	Fischkindergärten. (20)	Fischfabriken. (2)
Wie war der Meeresboden?	Eben. (15)	Gebirgig. (10)
Was wuchs auf den Bäumen am Meeresgrund?	Äpfel. (5)	Schnecken. (4)
Wie waren Muschel- und Krebsbaum zusammen gekommen?	Durch den Druck eines versunkenen Schiffes. (13)	Durch eine Sturmflut. (3)
Was wuchs auf den zusammengedrückten Bäumen?	Apfelbirnen. (2)	Muschelkrebse. (7)
Wie lange war Münchhausens Vater auf dem Meeresboden?	Drei Stunden. (11)	Drei Tage. (6)
Warum ritt Münchhausens Vater zum Schluss schnell an Land?	Weil große Fische ihn verfolgten. (17)	Weil er schnell zu Münchhausen wollte. (14)

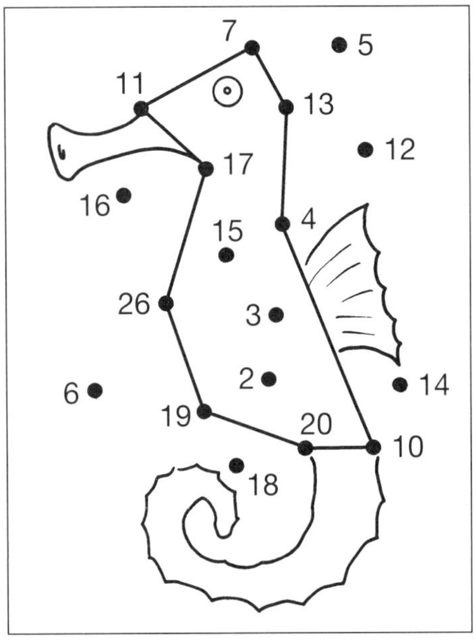

So geht's:

- Den Text aufmerksam durchlesen.
- Hinter den 10 Fragen zum Text gibt es immer 2 Antworten. Nur eine davon ist richtig.
- Die richtigen Antworten markieren.
- Die Zahlen hinter den richtigen Antworten zeigen, welche Punkte im Bild miteinander verbunden werden sollen (in der Reihenfolge der Antworten).
- **Selbstkontrolle:** Lösungsfigur.

28 Münchhausen stand zwischen Löwe und Krokodil

(174 Wörter)

Einst war ich in Ceylon auf der Jagd. Ich ging auf einem schmalen Weg. Links von mir floss ein reißender Fluss. Auf der anderen Seite war ein tiefer Abgrund.
Plötzlich hörte ich ein beunruhigendes Geräusch hinter mir. Ich sah zurück und erblickte einen ungeheuren Löwen mitten auf dem Weg zähnefletschend auf mich zurennen. Mein Gewehr war leider nur mit Schrot geladen. Es war also hier wertlos. Ich versuchte, in die entgegengesetzte Richtung zu fliehen. Doch zu meinem Entsetzen sah ich dort ein riesiges, scheußliches Krokodil mit aufgesperrtem Rachen direkt vor mir. Was sollte ich nur machen?
Ich ließ mich einfach zu Boden fallen und hörte plötzlich ein krachendes Geräusch. Ich hob den Kopf und sah etwas Unglaubliches: Der Löwe war über mich hinweg gesprungen, da ich mich ja hatte hinfallen lassen. Er steckte mitten im Rachen des Krokodils. Und beide versuchten verzweifelt, wieder voneinander loszukommen.
Ich nutzte die Gelegenheit und sprang auf. Ich rammte den Löwen mit meinem Gewehrkolben noch tiefer in den Rachen des Krokodils, das nun keine Luft mehr bekam und erstickte.

Fragen zum Text:	**Mögliche Antworten:**	
In welchem Land spielt die Geschichte?	Sie spielt in Ceylon. (1)	Sie spielt in Sumatra. (2)
Was hatte Münchhausen vor?	Er wollte einen Jaguar kaufen. (4)	Er wollte zur Jagd gehen. (19)
Wo befand sich Münchhausen?	Er war auf einem schmalen Weg. (7)	Er war in einem Garten. (8)
Wie wurde Münchhausen auf die Gefahr aufmerksam?	Er bekam eine SMS. (10)	Er hörte ein Geräusch. (11)
Welche Tiere bedrohten ihn?	Ein Löwe und ein Krokodil. (26)	Ein Löwe und ein Elefant. (14)
Warum konnte Münchhausen nicht weglaufen?	Er war müde. (16)	Der Weg war zu schmal. (18)
Wie reagierte Münchhausen?	Er ließ sich auf den Boden fallen. (6)	Er dachte gründlich nach. (20)
Was machte der Löwe?	Er bremste. (22)	Er sprang über Münchhausen hinweg. (24)
Was passierte dem Krokodil?	Es erschreckte sich. (25)	Es hatte plötzlich den Löwen im Rachen. (13)
Wie beendete Münchhausen das Abenteuer?	Er stieß den Löwen tiefer in das Krokodilmaul. (30)	Er lobte das Krokodil. (29)

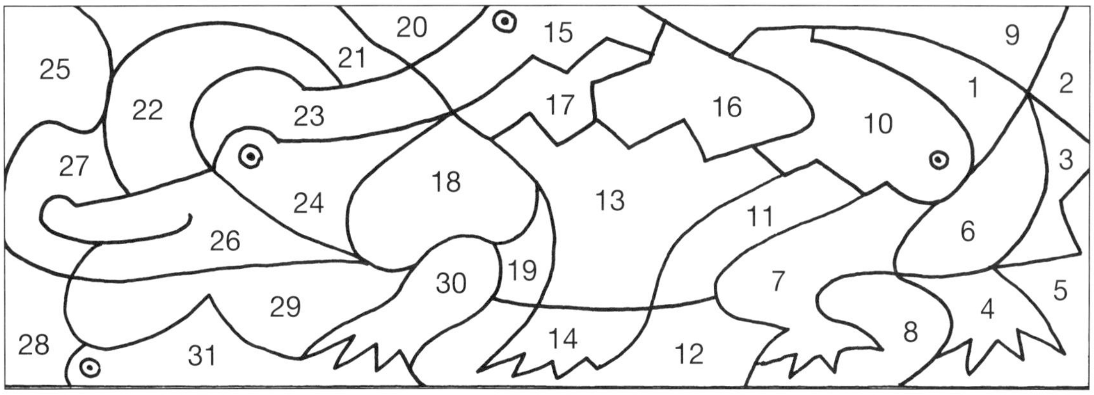

28 Münchhausen stand zwischen Löwe und Krokodil – Lösungen

(174 Wörter)

Einst war ich in Ceylon auf der Jagd. Ich ging auf einem schmalen Weg. Links von mir floss ein reißender Fluss. Auf der anderen Seite war ein tiefer Abgrund.
Plötzlich hörte ich ein beunruhigendes Geräusch hinter mir. Ich sah zurück und erblickte einen ungeheuren Löwen mitten auf dem Weg zähnefletschend auf mich zurennen. Mein Gewehr war leider nur mit Schrot geladen. Es war also hier wertlos. Ich versuchte, in die entgegengesetzte Richtung zu fliehen. Doch zu meinem Entsetzen sah ich dort ein riesiges, scheußliches Krokodil mit aufgesperrtem Rachen direkt vor mir. Was sollte ich nur machen?
Ich ließ mich einfach zu Boden fallen und hörte plötzlich ein krachendes Geräusch. Ich hob den Kopf und sah etwas Unglaubliches: Der Löwe war über mich hinweg gesprungen, da ich mich ja hatte hinfallen lassen. Er steckte mitten im Rachen des Krokodils. Und beide versuchten verzweifelt, wieder voneinander loszukommen.
Ich nutzte die Gelegenheit und sprang auf. Ich rammte den Löwen mit meinem Gewehrkolben noch tiefer in den Rachen des Krokodils, das nun keine Luft mehr bekam und erstickte.

Fragen zum Text:	**Mögliche Antworten:**	
In welchem Land spielt die Geschichte?	Sie spielt in Ceylon. (1)	Sie spielt in Sumatra. (2)
Was hatte Münchhausen vor?	Er wollte einen Jaguar kaufen. (4)	Er wollte zur Jagd gehen. (19)
Wo befand sich Münchhausen?	Er war auf einem schmalen Weg. (7)	Er war in einem Garten. (8)
Wie wurde Münchhausen auf die Gefahr aufmerksam?	Er bekam eine SMS. (10)	Er hörte ein Geräusch. (11)
Welche Tiere bedrohten ihn?	Ein Löwe und ein Krokodil. (26)	Ein Löwe und ein Elefant. (14)
Warum konnte Münchhausen nicht weglaufen?	Er war müde. (16)	Der Weg war zu schmal. (18)
Wie reagierte Münchhausen?	Er ließ sich auf den Boden fallen. (6)	Er dachte gründlich nach. (20)
Was machte der Löwe?	Er bremste. (22)	Er sprang über Münchhausen hinweg. (24)
Was passierte dem Krokodil?	Es erschreckte sich. (25)	Es hatte plötzlich den Löwen im Rachen. (13)
Wie beendete Münchhausen das Abenteuer?	Er stieß den Löwen tiefer in das Krokodilmaul. (30)	Er lobte das Krokodil. (29)

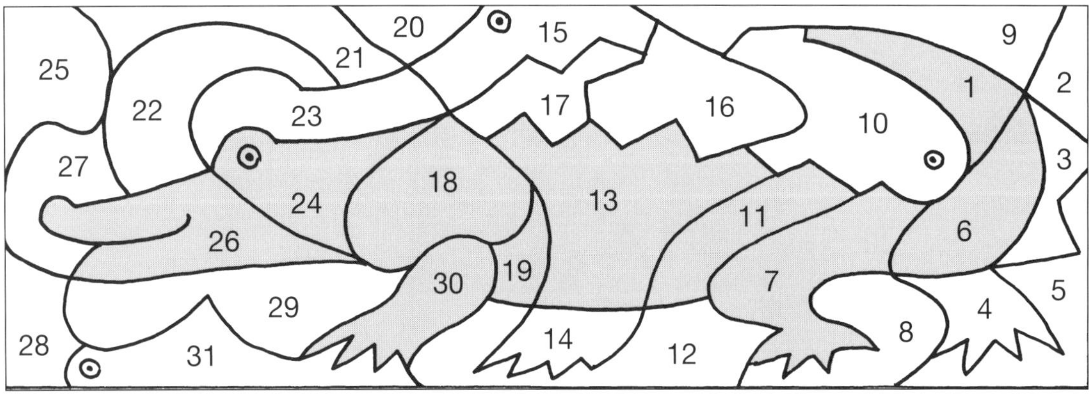

So geht's:
- Den Text aufmerksam durchlesen.
- Hinter den Fragen zum Text gibt es immer 2 Antworten. Nur eine davon ist richtig.
- Die richtigen Antworten markieren.
- Die Zahlen hinter den richtigen Antworten geben an, welche Felder ausgemalt werden müssen.
- **Selbstkontrolle:** Lösungsfigur.

29 Münchhausen überlistete einen gefährlichen Wolf

(181 Wörter)

setzte schon zum in der Hoffnung, sprang der Wolf mit	lichkeit hinter mir her- Sprung an. Automa- dass der Wolf mich	einem Riesensprung Er verbiss sich sofort aufzufressen. Das	mich eingeholt und platt in den Schlitten, Und tatsächlich
rasten in vollem wohlbehalten in die Zuschauer.	passiert. Erleichtert dass der Wolf des Pferdes steckte	ihn mit meiner kamen wir schließ- Auf den Straßen	über den Schlitten in das Hinterteil des Pferd lief vor Angst
laufen. Bald hatte er tisch legte ich mich nicht sehen würde.	und über mich hin- armen Pferdes und und Schrecken nur	Geschirr. Ich trieb Galopp dahin. So St. Petersburg an.	ler. Zum Glück war Da musste ich mit Pferd in sich hineinge-
erhob ich mich. komplett das nun der Wolf im	nach St. Petersburg. Mitten in einem Wolf mit aller Schnel-	einem kleinen Renn- war ein einzelnes sah ich hinter mir	Peitsche an und wir lich gesund und standen staunend
weg auf das Pferd. fing gierig an, es noch umso schnel-	schlitten unterwegs Pferd eingespannt. einen entsetzlichen	Einst war ich mit Vor dem Schlitten fürchterlichen Wald	mir selber nichts Entsetzen feststellen, fressen hatte. Anstatt

29 Münchhausen überlistete einen gefährlichen Wolf – Lösungen

(181 Wörter)

Einst war ich mit Vor dem Schlitten fürchterlichen Wald	einem kleinen Renn- war ein einzelnes sah ich hinter mir	schlitten unterwegs Pferd eingespannt. einen entsetzlichen	nach St. Petersburg. Mitten in einem Wolf mit aller Schnel-
lichkeit hinter mir her- Sprung an. Automa- dass der Wolf mich	laufen. Bald hatte er tisch legte ich mich nicht sehen würde.	mich eingeholt und platt in den Schlitten, Und tatsächlich	setzte schon zum in der Hoffnung, sprang der Wolf mit
einem Riesensprung Er verbiss sich sofort aufzufressen. Das	über den Schlitten in das Hinterteil des Pferd lief vor Angst	und über mich hin- armen Pferdes und und Schrecken nur	weg auf das Pferd. fing gierig an, es noch umso schnel-
ler. Zum Glück war Da musste ich mit Pferd in sich hineinge-	mir selber nichts Entsetzen feststellen, fressen hatte. Anstatt	passiert. Erleichtert dass der Wolf des Pferdes steckte	erhob ich mich. komplett das nun der Wolf im
Geschirr. Ich trieb Galopp dahin. So St. Petersburg an.	ihn mit meiner kamen wir schließ- Auf den Straßen	Peitsche an und wir lich gesund und standen staunend	rasten in vollem wohlbehalten in die Zuschauer.

So geht's:
- Alle Puzzleteile ausschneiden.
- Immer 4 Puzzleteile neu nebeneinander legen, so dass eine richtige Geschichte entsteht.
- Mit den 2 Puzzleteilen „Einst war ich mit" und „einem kleinen Renn-" beginnen.
- Den Text lesen und überlegen, welche Puzzleteile folgen müssen. Achtung: Jedes Puzzleteil enthält immer 3 Textzeilen, der Text wird aber Zeile für Zeile gelesen.
- Die nächsten 4 Puzzleteile suchen und darunter legen usw.
- **Tipp:** Manchmal hilft es, auch die Wörter in der 2. und 3. Textreihe zu lesen.
- **Selbstkontrolle:** Eine sinnvolle Geschichte und ein Bild im Hintergrund.

30 Münchhausens Vater zähmte ein Seepferd

(181 Wörter)

Einst erzählte mir mein Vater eine Geschichte von einer besonderen Steinschleuder.	R
Die Rüstung der Ritter war nicht immer aus Eisen.	R
Einmal ging mein Vater am Strand in England spazieren.	I
Vor 1000 Jahren trugen die Ritter einen dicken Lederpanzer.	U
Plötzlich wurde er von einem ungeheuren Seepferd angegriffen.	T
Allmählich wurden immer mehr Teile davon aus Eisen gefertigt.	E
Glücklicherweise hatte er die Schleuder dabei.	T
So waren die Ritter zwar besser geschützt, aber die Rüstung wurde immer schwerer.	S
Mit zwei Kieselsteinen schoss der dem Tier gleichzeitig beide Augen aus.	E
Dazu kamen noch Lanze, Schwert und Schild.	T
Dann legte er ihm die Schleuder ins Maul und benutzte sie als Zaumzeug.	R
Am Ende war alles so schwer, dass die Ritter nicht mehr allein aufs Pferd steigen konnten.	U
Auf dem Rücken des Ungeheuers ritt er 3 Stunden lang durch den Ozean bis an das andere Ufer.	B
Als Gewehre und Kanonen erfunden wurden, nützte auch die schwere Eisenrüstung nichts mehr.	N
Dann verkaufte er das Seepferd an einen Wirt.	U
Die Zeit der Ritter war vorbei.	G
Der stellte das seltene Tier in seinem Lokal aus.	R
So verdiente er viel Geld damit.	G

Lösungswort:

R									

Münchhausens Vater zähmte ein Seepferd – Lösungen

(181 Wörter)

Münchhausen-Geschichte:

Einst erzählte mir mein Vater eine Geschichte von einer besonderen Steinschleuder.	R
Einmal ging mein Vater am Strand in England spazieren.	I
Plötzlich wurde er von einem ungeheuren Seepferd angegriffen.	T
Glücklicherweise hatte er die Schleuder dabei.	T
Mit zwei Kieselsteinen schoss der dem Tier gleichzeitig beide Augen aus.	E
Dann legte er ihm die Schleuder ins Maul und benutzte sie als Zaumzeug.	R
Auf dem Rücken des Ungeheuers ritt er 3 Stunden lang durch den Ozean bis an das andere Ufer.	B
Dann verkaufte er das Seepferd an einen Wirt.	U
Der stellte das seltene Tier in seinem Lokal aus.	R
So verdiente er viel Geld damit.	G

Text über Rüstungen der Ritter:

Die Rüstung der Ritter war nicht immer aus Eisen.	R
Vor 1000 Jahren trugen die Ritter einen dicken Lederpanzer.	U
Allmählich wurden immer mehr Teile davon aus Eisen gefertigt.	E
So waren die Ritter zwar besser geschützt, aber die Rüstung wurde immer schwerer.	S
Dazu kamen noch Lanze, Schwert und Schild.	T
Am Ende war alles so schwer, dass die Ritter nicht mehr allein aufs Pferd steigen konnten.	U
Als Gewehre und Kanonen erfunden wurden, nützte auch die schwere Eisenrüstung nichts mehr.	N
Die Zeit der Ritter war vorbei.	G

Lösungswort:

R	I	T	T	E	R	B	U	R	G

So geht's:

- Die Sätze zweier Geschichten sind durcheinander geraten. Einer der beiden Texte ist eine Münchhausen-Geschichte, der andere erzählt etwas von Ritterrüstungen.
- Die Reihenfolge der Sätze innerhalb der beiden Geschichten ist von oben nach unten gelesen richtig.
- Hinter jedem Satz steht ein einzelner Buchstabe.
- Nur die Buchstaben, die zur Münchhausen-Geschichte gehören, bei „Lösungswort" notieren.
- **Selbstkontrolle:** Lösungswörter und Bilder im Hintergrund.
- **Tipp:** Die 18 Streifen ausschneiden und die beiden Geschichten richtig geordnet auf dickeres Papier oder Karton aufkleben.

31 Münchhausen wettete sich um Kopf und Kragen

(189 Wörter)

meinen Kopf, dass pen kann," ant- noch nichts hörte. der Läufer 30 Se- per-Windmacher	eine dieser tollen tan. Ich hatte zu rief ich nach mei- der Zeit mit der Verfolgerflotte des	Sultan lud mich „Dagegen setze schickte zunächst klar: Der Läufer Mein Super-Star- raubt.	Wein ein. Doch ich Perlen aus meiner Bittbrief nach und schnarchte Schatzkammer	noch besseren zu wie der stärkste wurde ich, als ich zielter Schuss ten schnellstens	ich in einer Stunde wortete der Sul- Nach 55 Minuten kunden vor Ablauf rettete uns vor der	behauptete, einen Schatzkammer, Wien. Unruhig laut. Ein gut ge- leer, und wir segel-
mit dem Sultan aus dem kaiser- außergewöhnliche cher und meinem uns stand. So ent- wurde mir in Ita-	Einst war ich gut Flaschen direkt dieser Zeit ganz nem Super-Hor- Weinflasche vor Sultans. Leider	kennen: „Ich wette Kerl davonschlep- nach 45 Minuten sorgte dafür, dass davon. Mein Su-	von Konstantinopel lichen Keller in Männer in meinen Super-Schützen. kam ich gerade lien der gesamte	zu einem beson- ich so viel Gold, meinen Super- lag bei Belgrad ker aber räumte	befreundet. Der Wien besorge." Diensten. Ich Und schnell war noch dem Tod. Schatz wieder ge-	ders feinen Glas Edelsteine und Läufer mit einem unter einer Eiche die komplette

Münchhausen wettete sich um Kopf und Kragen – Lösungen

(189 Wörter)

Einst war ich gut Flaschen direkt dieser Zeit ganz nem Super-Hor- Weinflasche vor Sultans. Leider	mit dem Sultan aus dem kaiser- außergewöhnliche cher und meinem uns stand. So ent- wurde mir in Ita-	von Konstantinopel lichen Keller in Männer in meinen Super-Schützen. kam ich gerade lien der gesamte	befreundet. Der Wien besorge.“ Diensten. Ich Und schnell war noch dem Tod. Schatz wieder ge-	Sultan lud mich „Dagegen setze schickte zunächst klar: Der Läufer Mein Super-Star- raubt.	zu einem beson- ich so viel Gold, meinen Super- lag bei Belgrad ker aber räumte	ders feinen Glas Edelsteine und Läufer mit einem unter einer Eiche die komplette
Wein ein. Doch ich Perlen aus meiner Bittbrief nach und schnarchte Schatzkammer	behauptete, einen Schatzkammer, Wien. Unruhig laut. Ein gut ge- leer, und wir segel-	noch besseren zu wie der stärkste wurde ich, als ich zielter Schuss ten schnellstens	kennen: „Ich wette Kerl davonschlep- nach 45 Minuten sorgte dafür, dass davon. Mein Su-	meinen Kopf, dass pen kann,“ ant- noch nichts hörte. der Läufer 30 Se- per-Windmacher	ich in einer Stunde wortete der Sul- Nach 55 Minuten kunden vor Ablauf rettete uns vor der	eine dieser tollen tan. Ich hatte zu rief ich nach mei- der Zeit mit der Verfolgerflotte des

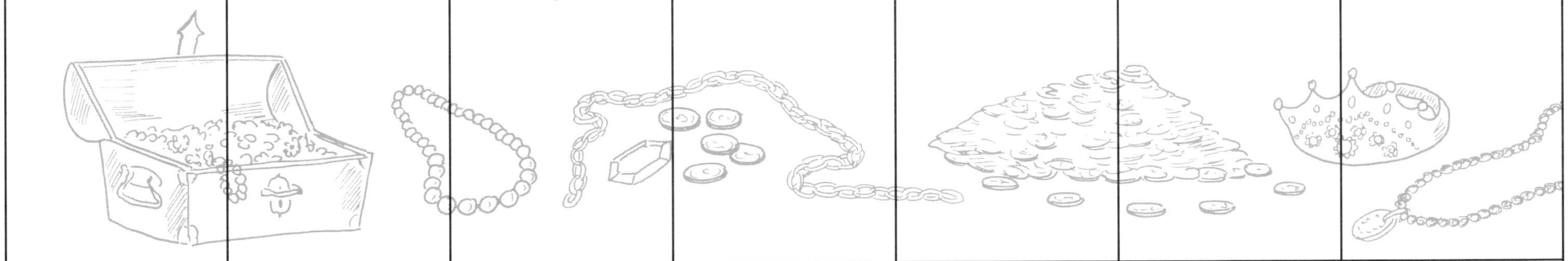

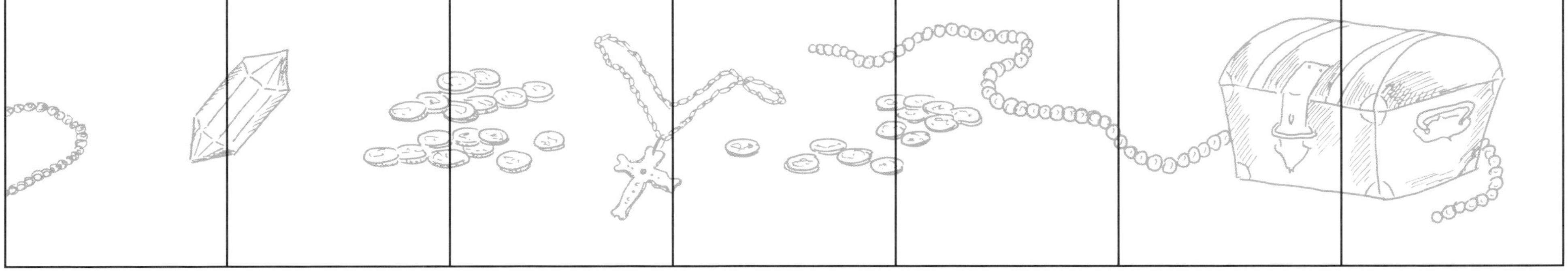

So geht's:

- Die Dominoteile ausschneiden.
- Alle Teile in eine lange Reihe legen, so dass eine Geschichte entsteht.
- Mit den 2 Dominoteilen „Einst war ich gut“ und „mit dem Sultan“ beginnen.

- **Tipp:** Manchmal hilft es, auch die Wörter in den anderen Textreihen eines Dominoteils zu lesen.
- **Selbstkontrolle:** Eine sinnvolle Geschichte, Zeile für Zeile gelesen, und eine Bildfolge.

32 Münchhausen vertraute seinem Jagdhund auch auf See

(191 Wörter)

Einst machte ich zusammen mit meinem treuen Jagdhund von England aus eine weite Reise auf einem Schiff.

Wir waren schon viele Tage auf dem Meer und mindestens 300 Meilen vom Land entfernt, als ich bei meinem Hund etwas Merkwürdiges beobachtete. Er stand oben auf dem Schiff und gab Zeichen, dass er Wild gewittert hätte. Ich berichtete sofort dem Kapitän vom Verhalten meines Hundes. Der Kapitän lachte nur und hielt uns beide für verrückt. Ich aber glaubte meinem Hund und bot dem Kapitän eine Wette an: Wenn wir nicht in der nächsten halben Stunde Wild fänden, würde ich ihm den doppelten Reisepreis zahlen. Wenn doch, wäre für mich die Reise kostenlos.

Kaum hatte der Kapitän die Wette angenommen, als einige Matrosen einen riesigen Hai fingen. Der Fisch wurde aufgeschnitten und in seinem Magen fanden die Matrosen 12 lebende Rebhühner. Eines davon brütete sogar gerade Eier aus und ein Küken war gerade geschlüpft. Dieses ließen wir von einer Katze zusammen mit ihren Jungen aufziehen. Auch die anderen Rebhühner entwickelten sich gut und legten ständig Eier. So hatte ich nicht nur meine Wette gewonnen, sondern wir alle bekamen zusätzlich frische Verpflegung auf dieser Reise.

Fragen zum Text:	**Mögliche Antworten:**	
Von wo war Münchhausen zu seiner Reise gestartet?	Von Emden. (19)	Von England. (28)
Wen hat Münchhausen mit auf das Schiff genommen?	Seinen Hund. (22)	Seine Frau. (24)
Was berichtete Münchhausen dem Kapitän?	Dass sein Hund Wild gewittert hatte. (2)	Dass es 300 Meilen bis zum Land waren. (25)
Was dachte der Kapitän über Münchhausen?	Er wäre verrückt. (6)	Er hätte recht. (30)
Um was wetteten Kapitän und Münchhausen?	Um eine Kiste Rum. (1)	Um den Reisepreis. (23)
Was haben die Matrosen gefangen?	Einen Hai. (21)	Münchhausens Jagdhund. (4)
Wo waren die lebenden Rebhühner?	Im Maul des Fisches. (3)	Im Magen des Fisches. (14)
Wie viele Rebhühner fanden die Matrosen?	Zwölf und ein Küken. (12)	Zwei und ein Küken. (5)
Was geschah mit dem Küken?	Es wurde von einer Katze gefressen. (10)	Es wurde von einer Katze aufgezogen. (18)
Wer hatte die Wette gewonnen?	Der Kapitän. (15)	Münchhausen. (8)

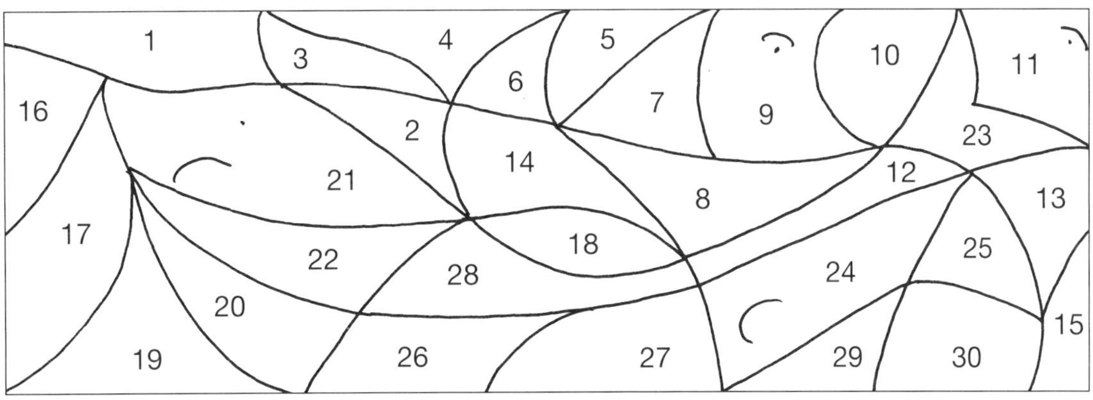

32 Münchhausen vertraute seinem Jagdhund auch auf See – Lösungen

(191 Wörter)

Einst machte ich zusammen mit meinem treuen Jagdhund von England aus eine weite Reise auf einem Schiff.
Wir waren schon viele Tage auf dem Meer und mindestens 300 Meilen vom Land entfernt, als ich bei meinem Hund etwas Merkwürdiges beobachtete. Er stand oben auf dem Schiff und gab Zeichen, dass er Wild gewittert hätte. Ich berichtete sofort dem Kapitän vom Verhalten meines Hundes. Der Kapitän lachte nur und hielt uns beide für verrückt. Ich aber glaubte meinem Hund und bot dem Kapitän eine Wette an: Wenn wir nicht in der nächsten halben Stunde Wild fänden, würde ich ihm den doppelten Reisepreis zahlen. Wenn doch, wäre für mich die Reise kostenlos.
Kaum hatte der Kapitän die Wette angenommen, als einige Matrosen einen riesigen Hai fingen. Der Fisch wurde aufgeschnitten und in seinem Magen fanden die Matrosen 12 lebende Rebhühner. Eines davon brütete sogar gerade Eier aus und ein Küken war gerade geschlüpft. Dieses ließen wir von einer Katze zusammen mit ihren Jungen aufziehen. Auch die anderen Rebhühner entwickelten sich gut und legten ständig Eier. So hatte ich nicht nur meine Wette gewonnen, sondern wir alle bekamen zusätzlich frische Verpflegung auf dieser Reise.

Fragen zum Text:	**Mögliche Antworten:**	
Von wo war Münchhausen zu seiner Reise gestartet?	Von Emden. (19)	Von England. (28)
Wen hat Münchhausen mit auf das Schiff genommen?	Seinen Hund. (22)	Seine Frau. (24)
Was berichtete Münchhausen dem Kapitän?	Dass sein Hund Wild gewittert hatte. (2)	Dass es 300 Meilen bis zum Land waren. (25)
Was dachte der Kapitän über Münchhausen?	Er wäre verrückt. (6)	Er hätte recht. (30)
Um was wetteten Kapitän und Münchhausen?	Um eine Kiste Rum. (1)	Um den Reisepreis. (23)
Was haben die Matrosen gefangen?	Einen Hai. (21)	Münchhausens Jagdhund. (4)
Wo waren die lebenden Rebhühner?	Im Maul des Fisches. (3)	Im Magen des Fisches. (14)
Wie viele Rebhühner fanden die Matrosen?	Zwölf und ein Küken. (12)	Zwei und ein Küken. (5)
Was geschah mit dem Küken?	Es wurde von einer Katze gefressen. (10)	Es wurde von einer Katze aufgezogen. (18)
Wer hatte die Wette gewonnen?	Der Kapitän. (15)	Münchhausen. (8)

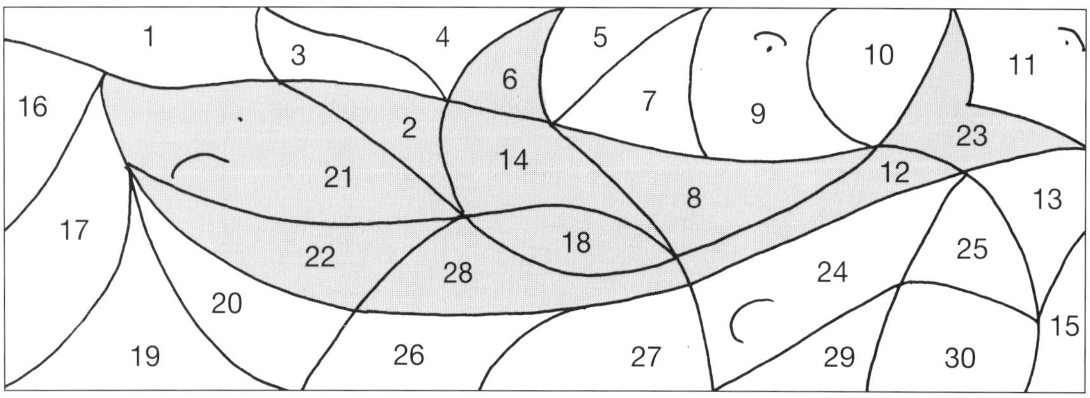

So geht's:

- Den Text aufmerksam durchlesen.
- Hinter den Fragen unter dem Text gibt es immer 2 Antworten. Nur eine davon ist richtig.
- Die richtigen Antworten markieren.
- Die Zahlen hinter den richtigen Antworten geben an, welche Felder ausgemalt werden müssen.
- **Selbstkontrolle:** Lösungsfigur.

33 Münchhausen begegnete außergewöhnlichen Menschen

(191 Wörter)

Einst reiste ich im Auftrag des Großsultans mit großem Gefolge von Konstantinopel nach Kairo. Unterwegs traf ich auf einige ganz außergewöhnliche Menschen, die ich sogleich in meine Dienste nahm:
Da war zunächst der Super-Läufer: ein kleiner, schmächtiger Mann, der querfeldein mit einem 50 Pfund schwerem Gewicht an jedem Bein lief, damit sein Lauftempo nicht so groß war. Er war in einer Stunde von Wien aus bis hierher gelaufen. Bald darauf lag ein Mann mäuschenstill auf dem Boden, als ob er schliefe. Doch er horchte nur aus Zeitvertreib darauf, wie das Gras wuchs: der Super-Horcher. Der Super-Schütze knallte scheinbar ins Blaue, doch traf er – wie gewünscht – einen Sperling, der auf der Spitze eines Kirchturms in Straßburg saß. Im Libanon stießen wir auf den Super-Starken, einen großen, kräftigen Mann, der mit einem Strick in einem Ruck einen ganzen riesigen Zedernwald wie einen Schilfbusch niederriss. In Ägypten schließlich brachte ein sehr stämmiger Mann durch Pusten durch nur ein Nasenloch 7 große Windmühlen zum schnellstmöglichen Drehen, dies wurde unser Super-Windmacher.
Nach Erledigung meiner Dienstgeschäfte reiste ich mit meinen neuen Bediensteten nach einigen Abenteuern wieder zurück nach Konstantinopel, wo ich alle Leute noch dringend benötigte.

Fragen zum Text:	**Mögliche Antworten:**	
Wie viele besondere Männer engagierte Münchhausen?	Es waren 12 Männer. (1)	Es waren 5 Männer. (10)
Warum hatte der Läufer Gewichte an den Beinen?	Weil er sonst zu schnell lief. (20)	Damit er sie nicht auf den Schultern tragen musste. (5)
Was machte der Horcher auf dem Boden?	Er ruhte sich aus. (7)	Er horchte, wie das Gras wuchs. (19)
Wo saß der Sperling, den der Schütze traf?	Er saß auf der Spitze des Kirchturms in Straßburg. (28)	Er saß auf dem Hut des Pfarrers. (11)
Womit riss der Starke den Wald nieder?	Er hatte eine große Zange bei sich. (13)	Mit einem Strick. (22)
Wie pustete der Windmacher Wind in die Mühlen?	Er pustete kräftig mit dem Mund. (11)	Er pustete durch nur ein Nasenloch. (16)
Wofür benötigte Münchhausen die Spezialisten?	Das wusste er damals noch nicht genau. (7)	Er wollte ein Haus bauen. (20)
Wo startete die Reise Münchhausens?	Die Reise startete in Konstantinopel. (18)	Er startete in Straßburg. (23)
Welches war Münchhausens Ziel?	Münchhausen wollte nach Kairo. (4)	Münchhausen wollte nach Straßburg. (26)
In wessen Auftrag reiste Münchhausen?	Er reiste im Auftrag seines Vaters. (28)	Er reiste im Auftrag des Großsultans von Konstantinopel. (10)

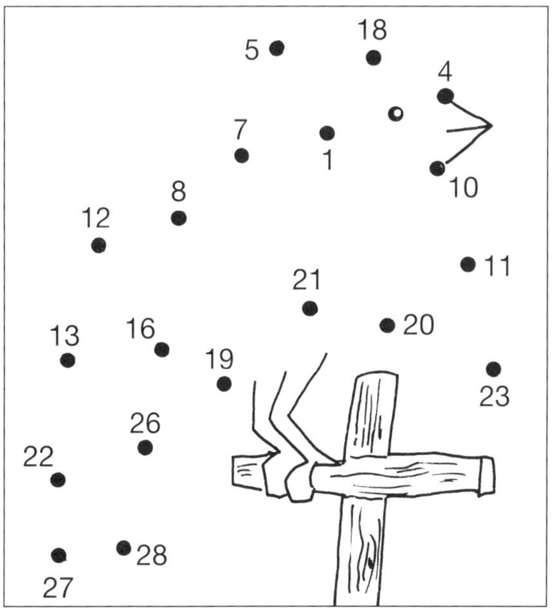

33 Münchhausen begegnete außergewöhnlichen Menschen – Lösungen

(191 Wörter)

Einst reiste ich im Auftrag des Großsultans mit großem Gefolge von Konstantinopel nach Kairo. Unterwegs traf ich auf einige ganz außergewöhnliche Menschen, die ich sogleich in meine Dienste nahm:
Da war zunächst der Super-Läufer: ein kleiner, schmächtiger Mann, der querfeldein mit einem 50 Pfund schwerem Gewicht an jedem Bein lief, damit sein Lauftempo nicht so groß war. Er war in einer Stunde von Wien aus bis hierher gelaufen. Bald darauf lag ein Mann mäuschenstill auf dem Boden, als ob er schliefe. Doch er horchte nur aus Zeitvertreib darauf, wie das Gras wuchs: der Super-Horcher. Der Super-Schütze knallte scheinbar ins Blaue, doch traf er – wie gewünscht – einen Sperling, der auf der Spitze eines Kirchturms in Straßburg saß. Im Libanon stießen wir auf den Super-Starken, einen großen, kräftigen Mann, der mit einem Strick in einem Ruck einen ganzen riesigen Zedernwald wie einen Schilfbusch niederriss. In Ägypten schließlich brachte ein sehr stämmiger Mann durch Pusten durch nur ein Nasenloch 7 große Windmühlen zum schnellstmöglichen Drehen, dies wurde unser Super-Windmacher.
Nach Erledigung meiner Dienstgeschäfte reiste ich mit meinen neuen Bediensteten nach einigen Abenteuern wieder zurück nach Konstantinopel, wo ich alle Leute noch dringend benötigte.

Fragen zum Text:	**Mögliche Antworten:**	
Wie viele besondere Männer engagierte Münchhausen?	Es waren 12 Männer. (1)	Es waren 5 Männer. (10)
Warum hatte der Läufer Gewichte an den Beinen?	Weil er sonst zu schnell lief. (20)	Damit er sie nicht auf den Schultern tragen musste. (5)
Was machte der Horcher auf dem Boden?	Er ruhte sich aus. (7)	Er horchte, wie das Gras wuchs. (19)
Wo saß der Sperling, den der Schütze traf?	Er saß auf der Spitze des Kirchturms in Straßburg. (28)	Er saß auf dem Hut des Pfarrers. (11)
Womit riss der Starke den Wald nieder?	Er hatte eine große Zange bei sich. (13)	Mit einem Strick. (22)
Wie pustete der Windmacher Wind in die Mühlen?	Er pustete kräftig mit dem Mund. (11)	Er pustete durch nur ein Nasenloch. (16)
Wofür benötigte Münchhausen die Spezialisten?	Das wusste er damals noch nicht genau. (7)	Er wollte ein Haus bauen. (20)
Wo startete die Reise Münchhausens?	Die Reise startete in Konstantinopel. (18)	Er startete in Straßburg. (23)
Welches war Münchhausens Ziel?	Münchhausen wollte nach Kairo. (4)	Münchhausen wollte nach Straßburg. (26)
In wessen Auftrag reiste Münchhausen?	Er reiste im Auftrag seines Vaters. (28)	Er reiste im Auftrag des Großsultans von Konstantinopel. (10)

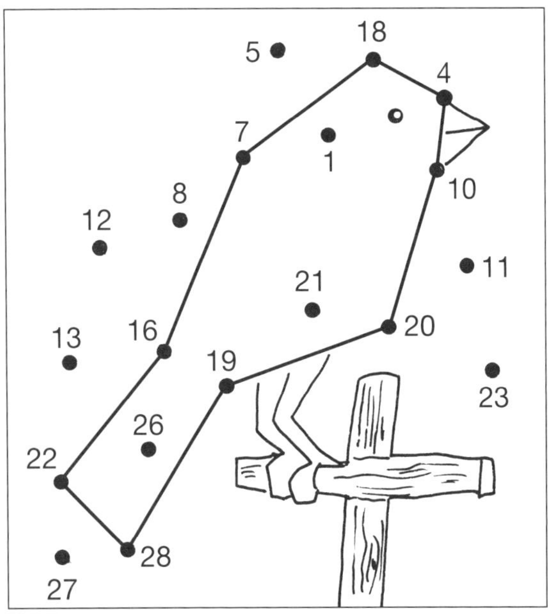

So geht's:
- Den Text aufmerksam durchlesen.
- Hinter den 10 Fragen zum Text gibt es immer 2 Antworten. Nur eine davon ist richtig.
- Die richtigen Antworten markieren.
- Die Zahlen hinter den richtigen Antworten zeigen, welche Punkte im Bild miteinander verbunden werden sollen (in der Reihenfolge der Antworten).
- **Selbstkontrolle:** Lösungsfigur.

34 Münchhausen schlief in einem Kanonenrohr

(194 Wörter) 

er das Heu wegfahren. etwas verschlafen Bauern. Bei dem Sturz	Kanone, die auf der hatte ich aber, dass im ganzen Lande um	tot zusammen. Meine Umso erstaunter	war am Hafen, um wurde ich müde und mich in das Rohr einer
Hafenmauer stand. gerade an diesem Tag Mittag Kanonen abge-	er dabei machte, haufen herunter und der arme Bauer brach	Schlaf. Nicht bedacht hatte. Deshalb wurden der ich schlief, war	Freunde hatten mich waren sie, als ich
schon geladen. Und da meine Kanone ab. Ich aufzuwachen landete	land etwas sehr Son- Schiffe zuzuschauen. Weil es schön schattig	vergeblich gesucht. wieder vor ihnen stand.	derbares passiert. Ich Auf dem Rückweg und kühl war, legte ich
die Soldaten nichts wurde durch die Luft ich im Hof eines Bau-	von mir ahnten, feuer- geschleudert, quer ern oben auf dem Heu-	Durch den Lärm, den sprang ich vom Heu- tat ich mir nichts, aber	ten sie Punkt 12 Uhr über den Hafen. Ohne haufen. Drei Monate
Ich fiel sofort in tiefen der König Geburtstag feuert. Auch die, in	später wollte der Bau- wachte ich auf. Noch fiel genau auf den	Einst ist mir in Eng- beim Beladen der wollte mich ausruhen.	in der Zwischenzeit nach drei Monaten

Münchhausen schlief in einem Kanonenrohr – Lösungen

(194 Wörter)

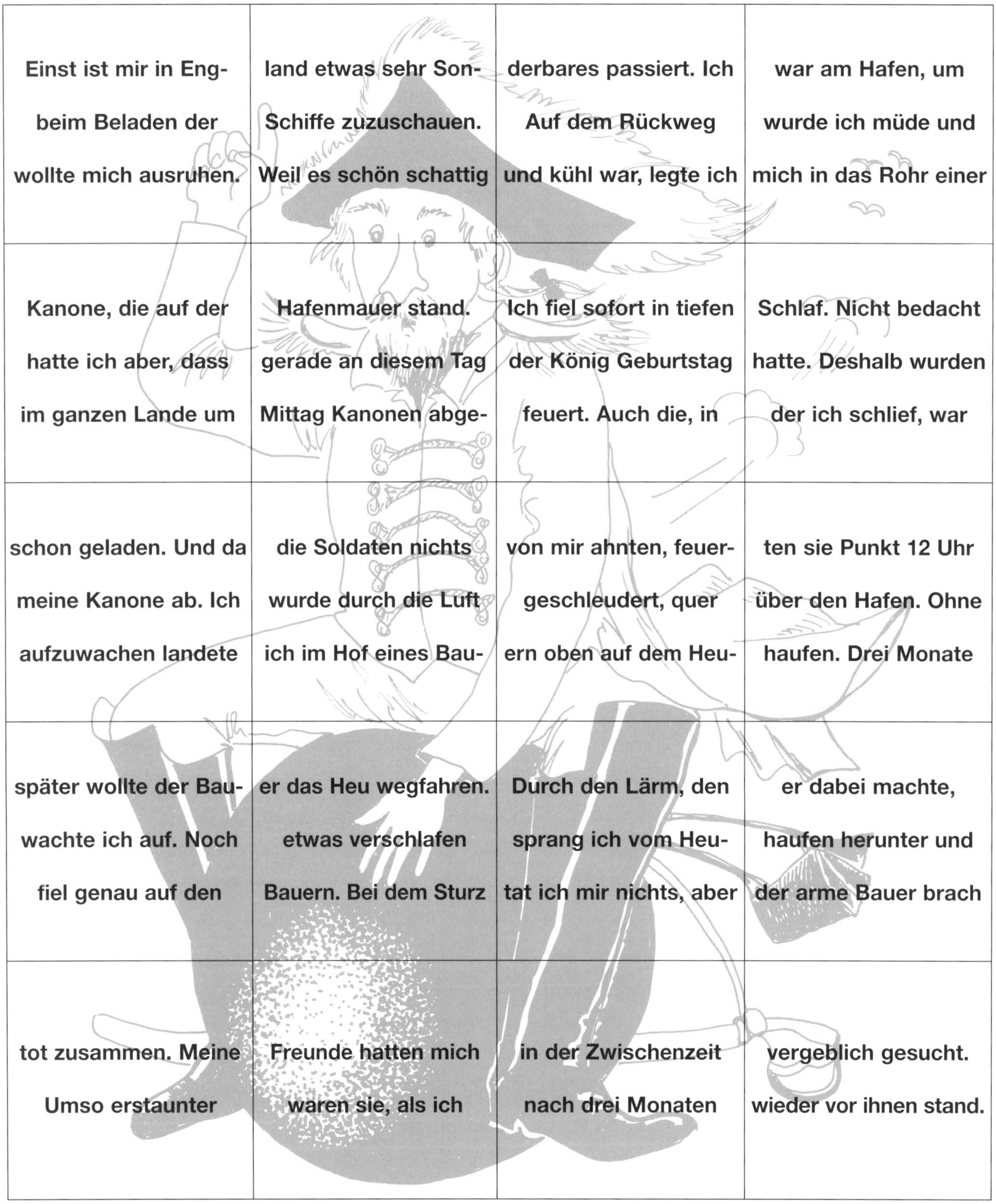

Einst ist mir in Eng- beim Beladen der wollte mich ausruhen.	land etwas sehr Son- Schiffe zuzuschauen. Weil es schön schattig	derbares passiert. Ich Auf dem Rückweg und kühl war, legte ich	war am Hafen, um wurde ich müde und mich in das Rohr einer
Kanone, die auf der hatte ich aber, dass im ganzen Lande um	Hafenmauer stand. gerade an diesem Tag Mittag Kanonen abge-	Ich fiel sofort in tiefen der König Geburtstag feuert. Auch die, in	Schlaf. Nicht bedacht hatte. Deshalb wurden der ich schlief, war
schon geladen. Und da meine Kanone ab. Ich aufzuwachen landete	die Soldaten nichts wurde durch die Luft ich im Hof eines Bau-	von mir ahnten, feuer- geschleudert, quer ern oben auf dem Heu-	ten sie Punkt 12 Uhr über den Hafen. Ohne haufen. Drei Monate
später wollte der Bau- wachte ich auf. Noch fiel genau auf den	er das Heu wegfahren. etwas verschlafen Bauern. Bei dem Sturz	Durch den Lärm, den sprang ich vom Heu- tat ich mir nichts, aber	er dabei machte, haufen herunter und der arme Bauer brach
tot zusammen. Meine Umso erstaunter	Freunde hatten mich waren sie, als ich	in der Zwischenzeit nach drei Monaten	vergeblich gesucht. wieder vor ihnen stand.

So geht's:
- Alle Puzzleteile ausschneiden.
- Immer 4 Puzzleteile neu nebeneinander legen, so dass eine richtige Geschichte entsteht.
- Mit den 2 Puzzleteilen „Einst ist mir in Eng-“ und „land etwas sehr Son-“ beginnen.
- Den Text lesen und überlegen, welche Puzzleteile folgen müssen. Achtung: Jedes Puzzleteil enthält 2 oder 3 Textzeilen, der Text wird aber Zeile für Zeile gelesen.
- Die nächsten 4 Puzzleteile suchen und darunter legen usw.
- **Tipp:** Manchmal hilft es, auch die Wörter in den anderen Textreihen zu lesen.
- **Selbstkontrolle:** Eine sinnvolle Geschichte und ein Bild im Hintergrund.

35 Münchhausen reiste in den Vulkan Ätna

(198 Wörter)

Enist war ich in Italien und wtlloe den Ätna eefroschrn. Ich steig auf diseen fereuspeeinden Vulkan, einen über 3000 Meter hehon Berg. Driemal unrumdete ich den Krater. So nnent man das rsiiege Loch, aus dem die Flemman schlegan. Weil ich aebr vor Rauch und Feeur nchits erknneen kotnne, sprnag ich in den Katrer hainb. Von den gleühnden Koehln, die mich umbagen, beakm ich eingie Brdanwunden. Schenll snak ich auf den Gurnd des Krtaers und bafend mich in einer riegisen Halle. Wundreliche Erdgiester strettin sich um ein geweltigas Feuer und das ergab den Vuklanausburch. Als sie mich sehan, herrtsche sorfot Rhue. Sie nehman mich frindleuch auf, versergton miene Wunedn und bewertiten mich gut. Ich wäre sechir sehr laeng bei ihenn im Vuklan geblebein, wenn ich mich nchit in die Frau des Kinögs der Eredgister veirlebt hätte. Der Kinög bemrekte das und wraf mich zur Starfe in eine tifee Erspdalte. Ich fiel und fiel mit zunhmeneder Geschweindigkit und velror dabei das Bewutsssein. Als ich weider zu mir kam, treib ich in einem katlen Ozaen. In der Frene sah ich Eisebrge. Da wrude mir klar: Ich war vom Berg Ätna aus druch die

___ ___ ___ ___ ___ der ___ ___ ___ ___

bis in das Meer vom Südpol gefallen.

Lösungshilfe:
Die gesuchten Wörter setzen sich aus folgenden Buchstaben zusammen:
1. Wort: **e i M t t** 2. Wort: **e E d r**

35 Münchhausen reiste in den Vulkan Ätna – Lösungen

(198 Wörter)

Einst war ich in Italien und wollte den Ätna erforschen. Ich stieg auf diesen feuerspeienden Vulkan, einen über 3000 Meter hohen Berg. Dreimal umrundete ich den Krater. So nennt man das riesige Loch, aus dem die Flammen schlagen. Weil ich aber vor Rauch und Feuer nichts erkennen konnte, sprang ich in den Krater hinab. Von den glühenden Kohlen, die mich umgaben, bekam ich einige Brandwunden. Schnell sank ich auf den Grund des Kraters und befand mich in einer riesigen Halle. Wunderliche Erdgeister stritten sich um ein gewaltiges Feuer und das ergab den Vulkanausbruch. Als sie mich sahen, herrschte sofort Ruhe. Sie nahmen mich freundlich auf, versorgten meine Wunden und bewirteten mich gut. Ich wäre sicher sehr lange bei ihnen im Vulkan geblieben, wenn ich mich nicht in die Frau des Königs der Erdgeister verliebt hätte. Der König bemerkte das und warf mich zur Strafe in eine tiefe Erdspalte. Ich fiel und fiel mit zunehmender Geschwindigkeit und verlor dabei das Bewusstsein. Als ich wieder zu mir kam, trieb ich in einem kalten Ozean. In der Ferne sah ich Eisberge. Da wurde mir klar: Ich war vom Berg Ätna aus durch die

M i t t e der **E r d e**

bis in das Meer vom Südpol gefallen.

So geht's:

- Hier sind die Buchstaben in vielen Wörtern durcheinander gekommen! Deshalb besonders wichtig: Den Text aufmerksam lesen und die „gepurzelten" Wörter richtig entziffern.
- Dann gut überlegen, welchen Weg Münchhausen vom Ätna zum Südpolarmeer genommen hat.
- Die beiden fehlenden Wörter als Lösung auf die Striche im Text schreiben – immer einen Buchstaben auf einen Strich. Sie setzen sich aus den vorgegebenen Buchstaben der Lösungshilfe zusammen.
- **Zusatz:** Die Geschichte in „normaler Sprache" dem Nachbarn vorlesen.

36	Münchhausen entdeckte die Käseinsel	(211 Wörter)

trieben wir auf dem seine Farbe, es war den einen Hafen, der	gingen, bemerkten wir, stand aus Käse. Von wuchs nachts nach.	das südliche Eismeer das mich auf Entde- waltigen Sturm, der	aber war ein Vogelnest, wie ein Kuhkopf. Als uns und standen dann
war. Als wir ans Ufer Die ganze Insel be- sie tagsüber aßen,	zerschlug. 3 Monate lich änderte das Meer wir eine Insel und fan-	gefallen. Von einem Eis- ckungsreise mitnahm. unsere Segel zerriss	Meer, ohne zu wissen, nicht mehr blau son- ganz mit Milch gefüllt
Mitte der Erde bis in holländisches Schiff, kamen wir in einen ge-	Horn auf der Stirn. Korn auf der Käse- konnte. Wir entdeck-	Milch und 2 mit Wein. dach. Es enthielt 500 verneigten sich alle	und unseren Kompass wo wir waren. Plötz- dern weiß. Dann sahen
Einst war ich durch die berg rettete mich ein Nach wenigen Tagen	einen Arm, aber ein Milch enthielten. Das die man sofort essen	groß wie ein Kirchen- wir die Insel verließen, wieder gerade.	Das Ungewöhnlichste Eier, jedes so groß Bäume am Ufer vor
dass es nicht aus Erde, dem lebten auch die Die Einwohner selbst	hatten drei Beine, nur Weintrauben, die nur Ähren fertige Brote,	Auf der Insel wuchsen insel hatte in seinen ten 7 Flüsse mit	sondern aus Käse war. Einwohner. Und was waren recht groß,

Münchhausen entdeckte die Käseinsel – Lösungen

(211 Wörter)

Einst war ich durch die berg rettete mich ein Nach wenigen Tagen	Mitte der Erde bis in holländisches Schiff, kamen wir in einen ge-	das südliche Eismeer das mich auf Entde- waltigen Sturm, der	gefallen. Von einem Eis- ckungsreise mitnahm. unsere Segel zerriss
und unseren Kompass wo wir waren. Plötz- dern weiß. Dann sahen	zerschlug. 3 Monate lich änderte das Meer wir eine Insel und fan-	trieben wir auf dem seine Farbe, es war den einen Hafen, der	Meer, ohne zu wissen, nicht mehr blau son- ganz mit Milch gefüllt
war. Als wir ans Ufer Die ganze Insel be- sie tagsüber aßen,	gingen, bemerkten wir, stand aus Käse. Von wuchs nachts nach.	dass es nicht aus Erde, dem lebten auch die Die Einwohner selbst	sondern aus Käse war. Einwohner. Und was waren recht groß,
hatten drei Beine, nur Weintrauben, die nur Ähren fertige Brote,	einen Arm, aber ein Milch enthielten. Das die man sofort essen	Horn auf der Stirn. Korn auf der Käse- konnte. Wir entdeck-	Auf der Insel wuchsen insel hatte in seinen ten 7 Flüsse mit
Milch und 2 mit Wein. dach. Es enthielt 500 verneigten sich alle	Das Ungewöhnlichste Eier, jedes so groß Bäume am Ufer vor	aber war ein Vogelnest, wie ein Kuhkopf. Als uns und standen dann	groß wie ein Kirchen- wir die Insel verließen, wieder gerade.

So geht's:

- Alle Puzzleteile ausschneiden.
- Immer 4 Puzzleteile neu nebeneinander legen, so dass eine richtige Geschichte entsteht.
- Mit den 2 Puzzleteilen „Einst war ich durch die" und „Mitte der Erde bis in" beginnen.
- Den Text lesen und überlegen, welche Puzzleteile folgen müssen. Achtung: Jedes Puzzleteil enthält immer 3 Textzeilen, der Text wird aber Zeile für Zeile gelesen.
- Die nächsten 4 Puzzleteile suchen und darunter legen usw.
- **Tipp:** Manchmal hilft es, auch die Wörter in der 2. und 3. Textreihe zu lesen.
- **Selbstkontrolle:** Eine sinnvolle Geschichte und ein Bild im Hintergrund.

37 Münchhausen wurde von einem Fisch gefressen

(224 Wörter)

Einst badete ich bei Marseille im Mittelmeer. Plötzlich sah ich einen riesigen Fisch mit aufgerissenem Maul in höllischem Tempo auf mich zuschwimmen. Es war unmöglich, davonzuschwimmen, um ihm zu entkommen. Als ich dies erkannt hatte, handelte ich sofort: Ich machte mich ganz klein. Ich zog meine Füße an und legte meine Arme dicht an den Körper. In dieser Haltung schlüpfte ich gerade zwischen seinen Kiefern hindurch bis in seinen Magen hinab. Hier war es furchtbar dunkel, aber schön warm. Ich begann mich stark zu bewegen und trampelte mit meinen Füßen fest gegen seine Mageninnenwände. Der Fisch bäumte sich auf und kam mit seinem halben Körper aus dem Wasser. Dies bemerkte ein vorbeifahrendes Schiff und erlegte ihn mit einer Harpune. An Bord gebracht hörte ich, wie die Seeleute stritten. Sie waren sich nicht einig, wie sie den Fisch aufschneiden wollten, um möglichst viel Öl von ihm gewinnen zu können. Ich hatte natürlich schreckliche Angst, mit zerschnitten zu werden und machte mich wieder ganz klein.
Beim ersten Schnitt sah ich Licht schimmern und schrie aus voller Lunge. Die Matrosen waren äußerst erstaunt, als sie eine Menschenstimme aus dem Fisch heraus vernahmen. Ich kroch aus dem Fischbauch heraus und erzählte ihnen ausführlich von meinem Missgeschick. Ich muss wohl so etwa anderthalb Stunden im Bauch des Fisches verbracht haben und war sehr froh, alles gut überstanden zu haben.

Fragen zum Text:	**Mögliche Antworten:**	
Wo badete Münchhausen?	In der Badewanne. (16)	Er badete im Mittelmeer. (10)
Was entdeckte Münchhausen plötzlich?	Er entdeckte einen Riesenfisch. (4)	Er entdeckte einen großen Seestern. (18)
Wieso war der Fisch gefährlich?	Weil er so laut brummte. (15)	Er hatte ein riesiges Maul und kam schnell auf ihn zu. (13)
Wie verhielt sich Münchhausen?	Er machte sich ganz klein. (7)	Er tauchte tief unter die Wasseroberfläche. (29)
Was machte der Fisch?	Der Fisch sah Münchhausen nicht. (14)	Der Fisch verschluckte Münchhausen. (11)
Wie verhielt sich Münchhausen im Fischbauch?	Er legte sich zum Schlafen nieder. (26)	Er trampelte mit den Füßen. (17)
Was geschah mit dem Fisch?	Er wurde erlegt. (23)	Der Fisch erstickte und starb. (6)
Was machten die Matrosen mit dem Fisch?	Sie schnitten ihm den Bauch auf. (19)	Sie brieten ihn in einer großen Pfanne. (27)
Wurde Münchhausen verletzt?	Nein, er wurde nicht verletzt. (20)	Ja, er bekam Schnittwunden. (24)
Wie verhielten sich die Matrosen?	Sie begrüßten Münchhausen. (8)	Sie waren sehr erstaunt. (10)

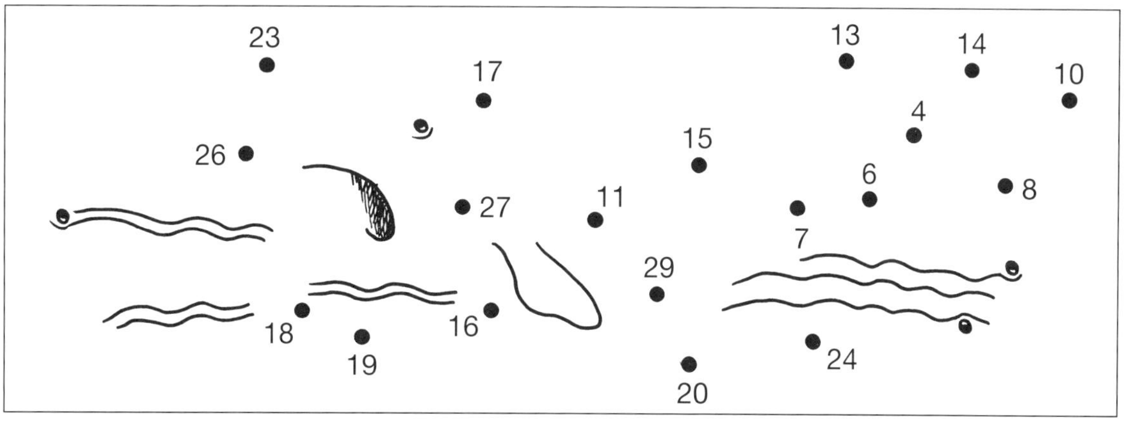

37 Münchhausen wurde von einem Fisch gefressen – Lösungen

(224 Wörter)

Einst badete ich bei Marseille im Mittelmeer. Plötzlich sah ich einen riesigen Fisch mit aufgerissenem Maul in höllischem Tempo auf mich zuschwimmen. Es war unmöglich, davonzuschwimmen, um ihm zu entkommen. Als ich dies erkannt hatte, handelte ich sofort: Ich machte mich ganz klein. Ich zog meine Füße an und legte meine Arme dicht an den Körper. In dieser Haltung schlüpfte ich gerade zwischen seinen Kiefern hindurch bis in seinen Magen hinab. Hier war es furchtbar dunkel, aber schön warm. Ich begann mich stark zu bewegen und trampelte mit meinen Füßen fest gegen seine Mageninnenwände. Der Fisch bäumte sich auf und kam mit seinem halben Körper aus dem Wasser. Dies bemerkte ein vorbeifahrendes Schiff und erlegte ihn mit einer Harpune. An Bord gebracht hörte ich, wie die Seeleute stritten. Sie waren sich nicht einig, wie sie den Fisch aufschneiden wollten, um möglichst viel Öl von ihm gewinnen zu können. Ich hatte natürlich schreckliche Angst, mit zerschnitten zu werden und machte mich wieder ganz klein.
Beim ersten Schnitt sah ich Licht schimmern und schrie aus voller Lunge. Die Matrosen waren äußerst erstaunt, als sie eine Menschenstimme aus dem Fisch heraus vernahmen. Ich kroch aus dem Fischbauch heraus und erzählte ihnen ausführlich von meinem Missgeschick. Ich muss wohl so etwa anderthalb Stunden im Bauch des Fisches verbracht haben und war sehr froh, alles gut überstanden zu haben.

Fragen zum Text:	**Mögliche Antworten:**	
Wo badete Münchhausen?	In der Badewanne. (16)	Er badete im Mittelmeer. (10)
Was entdeckte Münchhausen plötzlich?	Er entdeckte einen Riesenfisch. (4)	Er entdeckte einen großen Seestern. (18)
Wieso war der Fisch gefährlich?	Weil er so laut brummte. (15)	Er hatte ein riesiges Maul und kam schnell auf ihn zu. (13)
Wie verhielt sich Münchhausen?	Er machte sich ganz klein. (7)	Er tauchte tief unter die Wasseroberfläche. (29)
Was machte der Fisch?	Der Fisch sah Münchhausen nicht. (14)	Der Fisch verschluckte Münchhausen. (11)
Wie verhielt sich Münchhausen im Fischbauch?	Er legte sich zum Schlafen nieder. (26)	Er trampelte mit den Füßen. (17)
Was geschah mit dem Fisch?	Er wurde erlegt. (23)	Der Fisch erstickte und starb. (6)
Was machten die Matrosen mit dem Fisch?	Sie schnitten ihm den Bauch auf. (19)	Sie brieten ihn in einer großen Pfanne. (27)
Wurde Münchhausen verletzt?	Nein, er wurde nicht verletzt. (20)	Ja, er bekam Schnittwunden. (24)
Wie verhielten sich die Matrosen?	Sie begrüßten Münchhausen. (8)	Sie waren sehr erstaunt. (10)

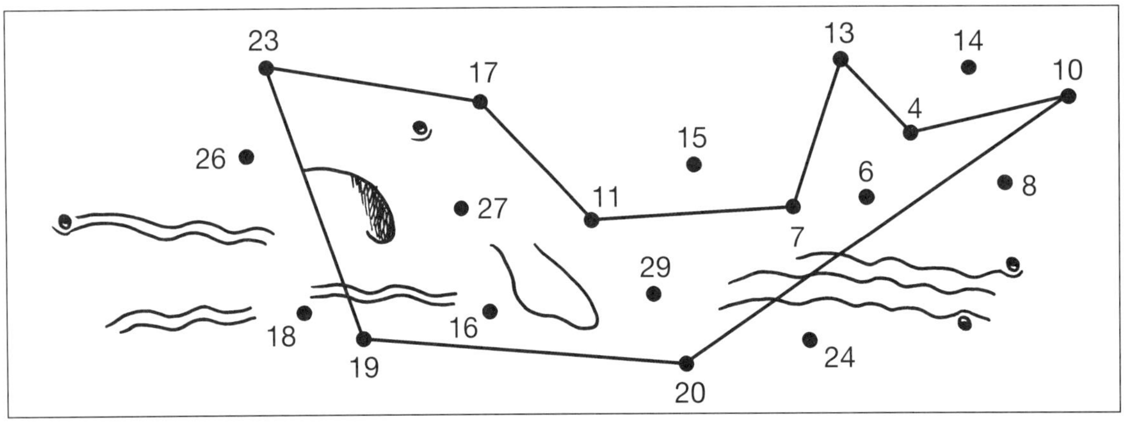

So geht's:
- Den Text aufmerksam durchlesen.
- Hinter den 10 Fragen zum Text gibt es immer 2 Antworten. Nur eine davon ist richtig.
- Die richtigen Antworten markieren.
- Die Zahlen hinter den richtigen Antworten zeigen, welche Punkte im Bild miteinander verbunden werden sollen (in der Reihenfolge der Antworten).
- **Selbstkontrolle:** Lösungsfigur.

38 Münchhausen erlebte festgefrorene Töne

(227 Wörter)

Einst rieste ich mit der Pstokutsche aus Rssuland züruck ncah Dteuschland. Es war ein sher klater Wniter. Vor eneim enegn Hohlewg mit 2 hoehn Donernhecken wies ich den Postillion an, mit seneim Hron ein Singal zu gbeen. Schließilch kötnne uns ja jamend entgegemmkonen. Diseer blies aus Lebeiskräften in sein Hron, doch es kam merkwidürgerweise kein einziger Ton heaurs. Wie es der Zufall wotlle, kam uns in wihnsannigem Tepmo eine Kuschte enteggen. Es wäre bestmmit unwergeilich zu einem Zusanemmstoß gekemmon. Doch sprnag ich sofrot aus dem Waegn, spatnne die Pfedre aus, nahm den Waegn mit dem gesemtan Gäepeck auf meine Scherltun und sparng daimt üebr die fast 2 Meetr hohe Donernhecke.
Kaum war der anedre Waegn vorbegeirast, sparng ich wedier züruck in den Weg und stzete die Kuschte ab. Daanch nahm ich mir die bedein Pfedre, patcke sie mir unetr meine Amre und sprnag mit ihenn über die Kutsche. Dort spatnne ich sie wedier ein. So gelnagten wir schlilßiech in die Herberge. Der Postillion hnägte sein Hron an einen Haekn beim Küechnfeuer, und wir ruhetn uns aus.
Plitzlöch höertn wir „Tereng! Tereng! Teng! Teng!“ Das Hron bagenn zu spelien, ein Stück nach dem anedren, obhwol der Postillion es nicht anfssate. Und jetzt verstnaden wir auch, wuram er in dem Hohlewg nchit hatte blaesn kennön. Die Töne waren

f ___ ___ ___ ___ ___ ___ ___ ___ ___ ___ ___

und kaemn erst hearus, so wie sie nach und nach aufetautn.

Tipp:
Das Lösungswort setzt sich aus den folgenden Buchstaben zusammen:
e, e, e, ~~f~~, f, g, n, o, r, r, s, t

38 Münchhausen erlebte festgefrorene Töne – Lösungen

(227 Wörter)

Einst reiste ich mit der Postkutsche aus Russland zurück nach Deutschland. Es war ein sehr kalter Winter. Vor einem engen Hohlweg mit 2 hohen Dornenhecken wies ich den Postillion an, mit seinem Horn ein Signal zu geben. Schließlich könnte uns ja jemand entgegenkommen. Dieser blies aus Leibeskräften in sein Horn, doch es kam merkwürdigerweise kein einziger Ton heraus.
Wie es der Zufall wollte, kam uns in wahnsinnigem Tempo eine Kutsche entgegen. Es wäre bestimmt unweigerlich zu einem Zusammenstoß gekommen. Doch sprang ich sofort aus dem Wagen, spannte die Pferde aus, nahm den Wagen mit dem gesamten Gepäck auf meine Schultern und sprang damit über die fast 2 Meter hohe Dornenhecke.
Kaum war der andere Wagen vorbeigerast, sprang ich wieder zurück in den Weg und setzte die Kutsche ab. Danach nahm ich mir die beiden Pferde, packte sie mir unter meine Arme und sprang mit ihnen über die Kutsche. Dort spannte ich sie wieder ein. So gelangten wir schließlich in die Herberge. Der Postillion hängte sein Horn an einen Haken beim Küchenfeuer, und wir ruhten uns aus.
Plötzlich hörten wir „Tereng! Tereng! Teng! Teng!“ Das Horn begann zu spielen, ein Stück nach dem anderen, obwohl der Postillion es nicht anfasste. Und jetzt verstanden wir auch, warum er in dem Hohlweg nicht hatte blasen können. Die Töne waren

f e s t g e f r o r e n

und kamen erst heraus, so wie sie nach und nach auftauten.

So geht's:

- Hier sind die Buchstaben in vielen Wörtern durcheinander gekommen! Deshalb besonders wichtig: Den Text aufmerksam lesen und die „gepurzelten“ Wörter richtig entziffern.
- Dann gut überlegen, warum die Töne erst in der Herberge aus dem Horn herauskamen: Die Töne waren?
- Dieses fehlende Wort erraten und als Lösung auf die Striche im Text schreiben – immer einen Buchstaben auf einen Strich. Es setzt sich aus den vorgegebenen Buchstaben zusammen.
- **Zusatz:** Die Geschichte in „normaler Sprache“ dem Nachbarn vorlesen.

39 Münchhausen überlebte eine Schiffsreise in einem Fisch

(236 Wörter)

einem holländi- ten. Leider sperr- Fackeln angezün- es sein Wasser wählten mich zu dem Wasserstrom ich eine Flotte von	ein unbekanntes Rachen gesaugt Das Wasser im aller eingeschlos- banden zwei Mas- Jetzt konnte das	men wir wieder in wurden wir in den schluckt hatte. den Menschen ausführten. Wir und Gaumen.	kundet hatten, ka- stehenden Masten Monster ver- wir, um uns mit den wir dann auch zwischen Zunge	ten sich viele Fi- waltigen Schluck ruhig. Mehrmals treffen. Es waren und warteten, bis nicht mehr schlie-	so riesig, dass wir spült. Da war es aber Hochwasser, einige lebten gähnte. Sofort fuh- das offene Maul	Entdeckungsreise. gerade sein Maul wir um uns eine dem Trockenen. der sie befreien des Fisches und alle wurden durch
Meer. Da tummel- und mit einem ge- Magen war sehr senen Schiffe zu ten aneinander Tier sein Maul	seinen Schwanz stockfinster. Doch wenn das Tier schon mehrere ren wir mit unse- den Fisch verlas-	Nachdem wir ei- auf, als wir davor Menge Boote und Einen solchen sollte. Sofort hatte rammten ihm den mich befreit.	ne Käseinsel er- hersegelten. Mit Schiffe, die das Zeitpunkt nutzten ich einen Plan, doppelten Mast	sche. Einer war in den Magen ge- am Tag gab es zehntausend, und das Ungeheuer ßen. Als alle durch	schen Schiff auf te der Riesenfisch det hatten, sahen ließ, lagen wir auf ihrem Anführer, in das offene Maul 35 Schiffen. Sie	Einst war ich mit nicht sehen konn- als wir unsere trank. Und wenn Jahre hier. Sie rem Schiff auf sen hatten, zählte

Münchhausen überlebte eine Schiffsreise in einem Fisch – Lösungen

(236 Wörter)

Einst war ich mit nicht sehen konn- als wir unsere trank. Und wenn Jahre hier. Sie rem Schiff auf sen hatten, zählte	einem holländi- ten. Leider sperr- Fackeln angezün- es sein Wasser wählten mich zu dem Wasserstrom ich eine Flotte von	schen Schiff auf te der Riesenfisch det hatten, sahen ließ, lagen wir auf ihrem Anführer, in das offene Maul 35 Schiffen. Sie	Entdeckungsreise. gerade sein Maul wir um uns eine dem Trockenen. der sie befreien des Fisches und alle wurden durch	Nachdem wir ei- auf, als wir davor Menge Boote und Einen solchen sollte. Sofort hatte rammten ihm den mich befreit.	ne Käseinsel er- hersegelten. Mit Schiffe, die das Zeitpunkt nutzten ich einen Plan, doppelten Mast	kundet hatten, ka- stehenden Masten Monster ver- wir, um uns mit den wir dann auch zwischen Zunge
men wir wieder in wurden wir in den schluckt hatte. den Menschen ausführten. Wir und Gaumen.	ein unbekanntes Rachen gesaugt Das Wasser im aller eingeschlos- banden zwei Mas- Jetzt konnte das	Meer. Da tummel- und mit einem ge- Magen war sehr senen Schiffe zu ten aneinander Tier sein Maul	ten sich viele Fi- waltigen Schluck ruhig. Mehrmals treffen. Es waren und warteten, bis nicht mehr schlie-	sche. Einer war in den Magen ge- am Tag gab es zehntausend, und das Ungeheuer ßen. Als alle durch	so riesig, dass wir spült. Da war es aber Hochwasser, einige lebten gähnte. Sofort fuh- das offene Maul	seinen Schwanz stockfinster. Doch wenn das Tier schon mehrere ren wir mit unse- den Fisch verlas-

So geht's:
- Die Dominoteile ausschneiden.
- Alle Teile in eine lange Reihe legen, so dass eine Geschichte entsteht.
- Mit den 2 Dominoteilen „Einst war ich mit“ und „einem hollän-di-“ beginnen.
- **Tipp:** Manchmal hilft es, auch die Wörter in den anderen Textreihen eines Dominoteils zu lesen.
- **Selbstkontrolle:** Eine sinnvolle Geschichte, Zeile für Zeile gelesen, und eine Bildfolge.

40 Münchhausen ritt auf einem halben Pferd

(260 Wörter)

Einst kämpfte ich gegen die Türken. Ich war als Vorposten eingesetzt und sah plötzlich den Feind in einer Wolke von Staub auf mich zurücken. Wegen des Staubs konnte ich die Anzahl nicht erkennen. Zur eigenen Tarnung veranlasste ich meine Truppe, ebenfalls möglichst viel Staub aufzuwirbeln. Der Feind bekam Angst und wir konnten ihn so in seine Festung und sogar hinten wieder hinaus vertreiben. Ich war mit meinem schnellen Pferd weit vorgeprescht. Ich war plötzlich ganz alleine. Der Feind war fort und mein Pferd hatte Durst. Ich beschloss, am Brunnen auf meine Leute zu warten. Ich führte mein Pferd zum Marktbrunnen. Es soff ganz ungewöhnlich gierig und unmäßig. Sein Durst war einfach nicht zu stillen. Da bemerkte ich plötzlich, dass die ganze Hinterhälfte des Tieres, Kreuz und Hinterteil, fort und abgeschnitten war. Deshalb lief das Wasser hinten einfach wieder hinaus, ohne dass der Gaul erfrischt wurde. Was konnte hier wohl passiert sein?

Da kam mein Reitknecht von der entgegengesetzten Seite angejagt. Er berichtete, dass das Schutzgatter im Stadttor herunterfiel, gerade als ich hindurchritt. Dadurch wurde das Hinterteil meines Pferdes sauber abgetrennt. Zunächst habe dieses Hinterteil durch beständiges Ausschlagen eine fürchterliche Verheerung angerichtet. Danach wäre es zu einer nahe gelegenen Weide gewandert. Ich ritt sofort mit meiner vorderen Pferdehälfte zu dieser Wiese. Da beide Teile offensichtlich noch Leben zeigten, ließ ich unseren Arzt rufen. Dieser heftete beide Hälften mit jungen Lorbeerzweigen zusammen. Die Wunde heilte schnell. Doch die Zweige schlugen Wurzeln im Tierleib. Sie wuchsen und wölbten sich schließlich als Laube über mir. So konnte ich ab sofort immer im Schatten reiten.

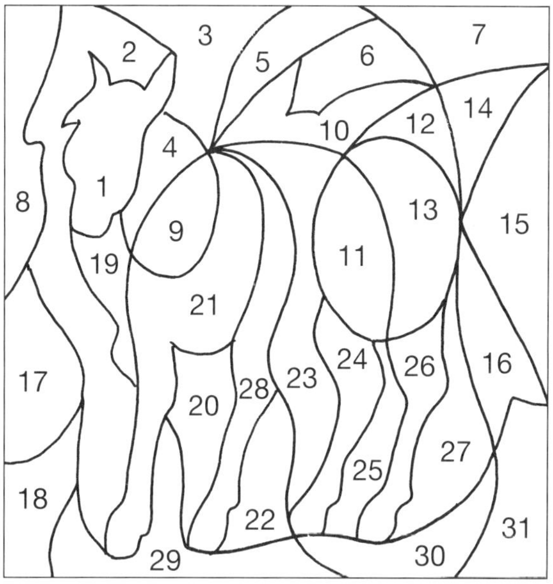

Fragen zum Text:	Mögliche Antworten:	
Gegen wen kämpfte Münchhausen?	Gegen die Türken. (1)	Gegen die Müden. (2)
Wie vertrieb Münchhausen den Feind?	Mit Staub. (4)	Durch Lärm. (5)
Warum war Münchhausen allein in der Stadt?	Alle hatten Angst. (7)	Sein Pferd war so schnell. (9)
Was tat Münchhausen auf dem Marktplatz?	Er sang ein Lied. (10)	Er ließ das Pferd trinken. (11)
Was war mit dem Pferd passiert?	Das Hinterteil war weg. (13)	Das Vorderteil war weg. (14)
Wodurch wurde das Pferd geteilt?	Durch das Gatter des Stadttores. (16)	Durch einen Schwerthieb. (17)
Wie reagierte das Hinterteil?	Es schrie laut. (19)	Es schlug aus. (21)
Was machte das Hinterteil dann?	Es setzte sich. (22)	Es lief zur Weide. (24)
Womit heilte der Arzt?	Mit Tabletten. (25)	Mit Lorbeerblättern. (26)
Was wuchs aus den Zweigen?	Eine Laube. (28)	Eine Leiter. (29)

40 **Münchhausen ritt auf einem halben Pferd – Lösungen** (260 Wörter)

Fragen zum Text:	Mögliche Antworten:	
Gegen wen kämpfte Münchhausen?	Gegen die Türken. (1)	Gegen die Müden. (2)
Wie vertrieb Münchhausen den Feind?	Mit Staub. (4)	Durch Lärm. (5)
Warum war Münchhausen allein in der Stadt?	Alle hatten Angst. (7)	Sein Pferd war so schnell. (9)
Was tat Münchhausen auf dem Marktplatz?	Er sang ein Lied. (10)	Er ließ das Pferd trinken. (11)
Was war mit dem Pferd passiert?	Das Hinterteil war weg. (13)	Das Vorderteil war weg. (14)
Wodurch wurde das Pferd geteilt?	Durch das Gatter des Stadttores. (16)	Durch einen Schwerthieb. (17)
Wie reagierte das Hinterteil?	Es schrie laut. (19)	Es schlug aus. (21)
Was machte das Hinterteil dann?	Es setzte sich. (22)	Es lief zur Weide. (24)
Womit heilte der Arzt?	Mit Tabletten. (25)	Mit Lorbeerblättern. (26)
Was wuchs aus den Zweigen?	Eine Laube. (28)	Eine Leiter. (29)

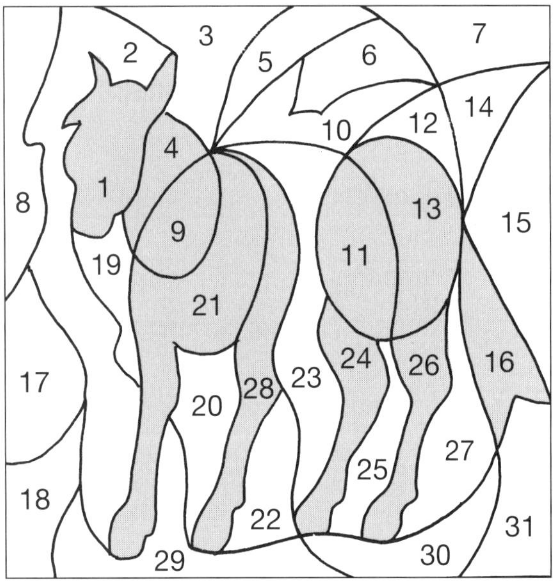

So geht's:

- Den Text aufmerksam durchlesen.
- Hinter den Fragen zum Text gibt es immer 2 Antworten. Nur eine davon ist richtig.
- Die richtigen Antworten markieren.
- Die Zahlen hinter den richtigen Antworten geben an, welche Felder ausgemalt werden müssen.
- **Selbstkontrolle:** Lösungsfigur.

Infotexte zu Eulenspiegel und Münchhausen

Till Eulenspiegel

Wer Eulenspiegel genau war, wissen wir nicht. Till Eulenspiegel war ein Schalksnarr (Gaukler) und Titelheld eines mittelniederdeutschen Volksbuches, das anonym veröffentlicht wurde. Dort erfahren wir, dass er im Jahre 1300 in Kneitlingen am Elm geboren wurde und im Jahre 1350 entweder in Mölln oder Lüneburg starb und wie er sein Leben verbrachte.
Als Verfasser wird der Braunschweiger Zollschreiber und Amtsvogt Hermann Bote angenommen. Doch gibt es auch andere Vermutungen. Ob Eulenspiegel wirklich gelebt hat, ist fraglich.
Das Buch von Till Eulenspiegel gilt als das bedeutendste Werk des niedersächsischen Raumes und wurde inzwischen in über 280 Sprachen übersetzt.
Eulenspiegels Streiche ergeben sich meist daraus, dass er eine bildliche Redewendung bzw. Aussage wörtlich nimmt. Dies verwendet er als ein Mittel, die Unzulänglichkeiten seiner Mitmenschen bloßzustellen und die Missstände seiner Zeit aufzudecken.
Das Buch von Hermann Bote „Ein kurzweiliges Buch von Till Eulenspiegel aus dem Lande Braunschweig" enthält 96 Geschichten über Till Eulenspiegel.

Hieronymus Karl Friedrich Freiherr von Münchhausen

Münchhausen wurde am 11.5.1720 in Bodenwerder geboren. Als Soldat begann er 18 Jahre später mit seinen Reisen, von denen alle seine Geschichten erzählen. Er machte anschließend Karriere im russisch-türkischen Krieg, heiratete zweimal und starb am 22.2.1797.
Einige Geschichten über die Abenteuer des Freiherrn von Münchhausen wurden bereits 1786 von einem Gast Münchhausens, dem Museumsdirektor Rudolf Erich Raspe, in englischer Sprache herausgegeben. Der Göttinger Lyriker Gottfried August Bürger übersetzte die Geschichten und ergänzte sie mit einer Reihe weiterer Abenteuer, die er selber erfand. Er gab die Geschichten gesammelt als Prosawerk „Wunderbare Reisen zu Wasser und zu Land – Feldzüge und lustige Abenteuer des Freiherrn von Münchhausen, wie er dieselben bei der Flasche im Zirkel seiner Freunde selbst zu erzählen pflegt" heraus. Er selber war wie Raspe des Öfteren bei Münchhausen zu Gast, wenn dieser seine Geschichten erzählte.
Das Werk umfasst 17 Kapitel mit über 50 Geschichten. Diese zeichnen sich allesamt durch die unwahrscheinlichsten Abenteuer aus. Münchhausen bezeichnet sich darin selber als tapferen, klugen und geistesgegenwärtigen Mann, der es immer wieder schafft, alle gefährlichen Situationen zu bestehen, und zwar wegen der Vortrefflichkeit seiner Pferde, Hunde, Gewehre und der besonderen Art, alles zu handhaben. Er besitzt eben die erforderlichen Kunstfertigkeiten und die Werkzeuge, die den Erfolg sichern.
Obwohl Münchhausen immer wieder betont, dass alle seine Geschichten der vollen Wahrheit entsprechen und dass er nicht übertreibt, geschweige denn lügt, wird er allgemein als Lügenbaron bekannt.

Alle Geschichten in dieser Kopiervorlagenmappe wurden in gekürzter Form und in zeitgemäßer Sprache mit vereinfachter Ausdrucksweise dargestellt.

BRIGG Pädagogik VERLAG

Der neue Pädagogik-Fachverlag für Lehrer/-innen

Abwechslungsreiche Kopiervorlagen für Deutsch!

BRIGG Pädagogik VERLAG

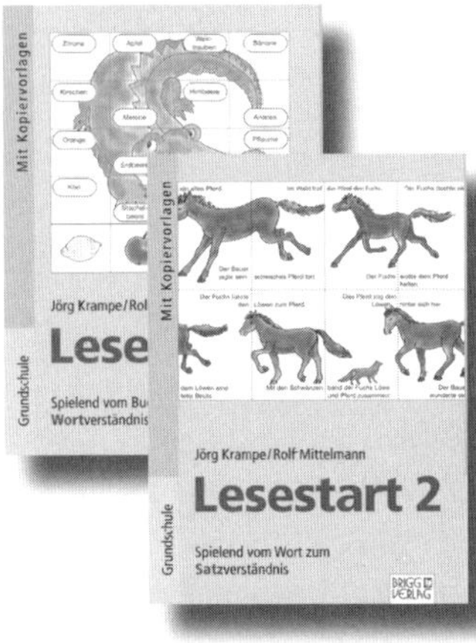

Jörg Krampe / Rolf Mittelmann

Lesestart 1

Spielend vom Buchstaben zum Wortverständnis

86 S., DIN A4,
40 Kopiervorlagen mit Lösungen
Best.-Nr. 256

Lesestart 2

Spielend vom Wort zum Satzverständnis

88 S., DIN A4,
40 Kopiervorlagen mit Lösungen
Best.-Nr. 257

Jeder Band enthält 40 Lesespiele zum Erlesen und Verstehen sinnvoller Wörter und Sätze. Die Spiele sind so angelegt, dass eine Selbstkontrolle möglich ist. Dadurch eignen sie sich unabhängig von jedem Leselehrgang besonders auch für den Förderunterricht, die Wochenplanarbeit, zum selbstständigen Lesetraining und für Vertretungsstunden.

Magret Pinter

Die deutsche Grammatik

Grundbausteine für differenzierten Deutschunterricht

Band 1

208 S., DIN A4,
Kopiervorlagen mit Lösungen
Best.-Nr. 267

Tunwort / Verb, Namenwort / Nomen, Wiewort / Adjektiv, Einzahl und Mehrzahl, Fürwort / Pronomen

Band 2

232 S., DIN A4,
Kopiervorlagen mit Lösungen
Best.-Nr. 268

Die Zeiten, Nominativ und Genitiv, Dativ, Akkusativ, Satzarten

Dieses Werk umfasst das grammatikalische Basiswissen der Grundschule. Sprachstrukturen werden durch die klare, leicht verständliche Darstellung Schritt für Schritt aufgebaut und mittels vielfältiger Übungen gefestigt. Dank hoher Differenzierung besonders für Kinder mit nichtdeutscher Muttersprache und mit sonderpädagogischem Förderbedarf sehr gut geeignet. Die Arbeitsblätter ermöglichen auch offene Lernformen und Freiarbeit.

Franz Xaver Riedl / Alfons Schweiggert

Bilder lesen, Texte schreiben

Bildergeschichten zum kreativen Schreiben

3./4. Klasse
88 S., DIN A4,
mit Kopiervorlagen
Best.-Nr. 265

Vom genauen Betrachten zur kreativen Schreibleistung! Das Lesen von Bildern und Fotos regt die Kinder zur Selbsttätigkeit an und schult die Fähigkeit des sicheren Beurteilens. Die Arbeitsblätter wecken die Erzähllust und lassen in Einzel-, Gruppenarbeit oder im Klassenverband individuelle Schreibideen entstehen. Die Themen sind je nach individuellem Leistungsstand unabhängig einsetzbar.

Bestellcoupon

Ja, bitte senden Sie mir / uns mit Rechnung

______Expl. Best-Nr. ____________________

______Expl. Best-Nr. ____________________

______Expl. Best-Nr. ____________________

______Expl. Best-Nr. ____________________

Meine Anschrift lautet:

Name / Vorname

Straße

PLZ / Ort

E-Mail

Datum/Unterschrift Telefon (für Rückfragen)

Bitte kopieren und einsenden/faxen an:

Brigg Pädagogik Verlag GmbH
zu Hd. Herrn Franz-Josef Büchler
Zusamstr. 5
86165 Augsburg

☐ Ja, bitte schicken Sie mir Ihren Gesamtkatalog zu.

Bequem bestellen per Telefon / Fax:
Tel.: 0821 / 45 54 94-17
Fax: 0821 / 45 54 94-19
Online: www.brigg-paedagogik.de